徐苹芳文集

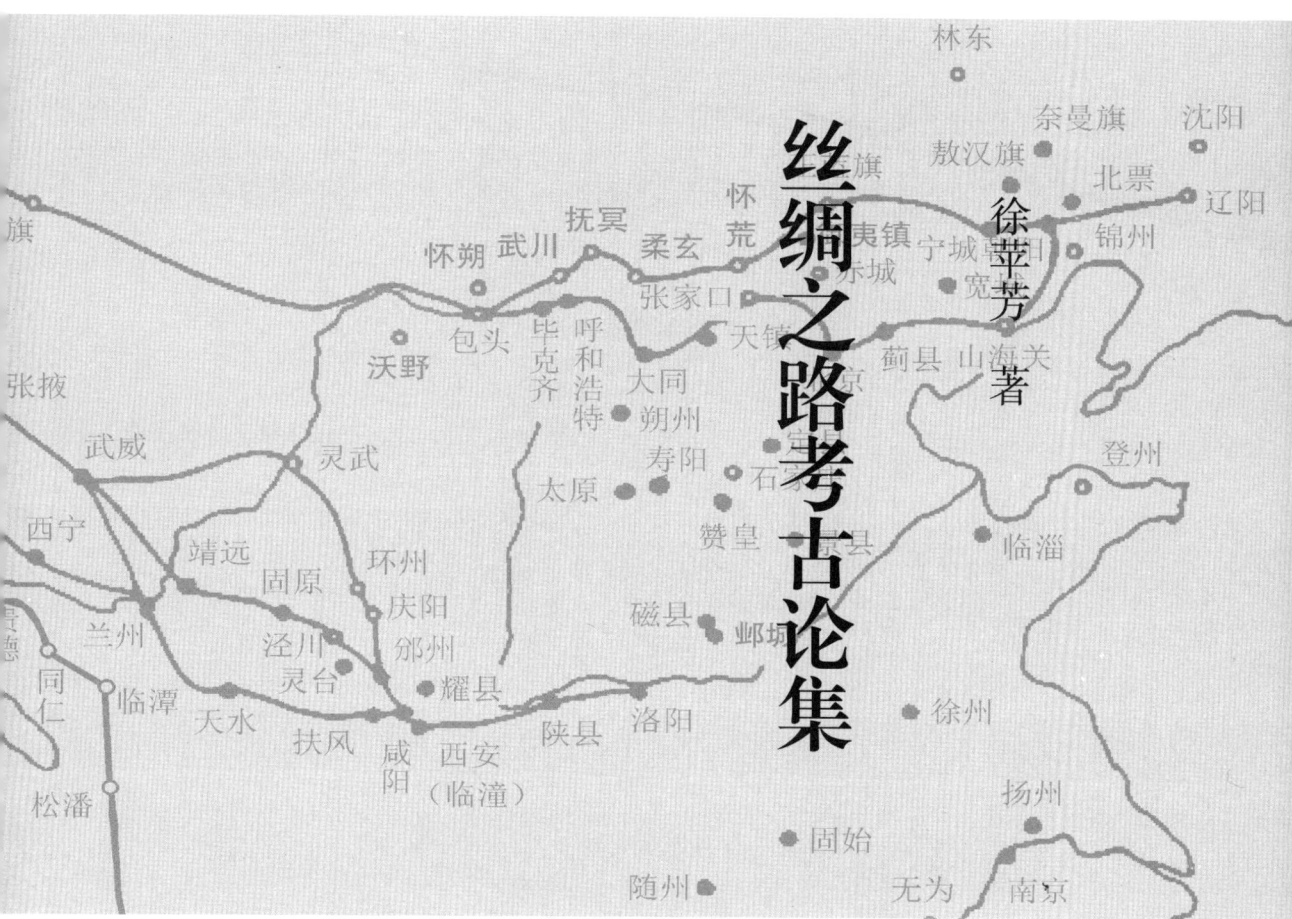

丝绸之路考古论集

徐苹芳 著

上海古籍出版社

图书在版编目(CIP)数据

丝绸之路考古论集/徐苹芳著.—上海:上海古籍出版社,2017.12
（徐苹芳文集）
ISBN 978-7-5325-8443-7

Ⅰ.①丝… Ⅱ.①徐… Ⅲ.①丝绸之路—考古—文集 Ⅳ.①K928.6-53

中国版本图书馆CIP数据核字(2017)第090751号

责任编辑：宋　佳
装帧设计：严克勤
技术编辑：富　强

徐苹芳文集
丝绸之路考古论集
徐苹芳　著
上海古籍出版社出版发行
（上海瑞金二路272号　邮政编码200020）
（1）网址：www.guji.com.cn
（2）E-mail：guji1@guji.com.cn
（3）易文网网址：www.ewen.co
金坛古籍印刷有限公司印刷
开本787×1092　1/16　印张11　插页6　字数203,000
2017年12月第1版　2017年12月第1次印刷
印数：1—1,500
ISBN 978-7-5325-8443-7
K·2322　定价：98.00元
如有质量问题，请与承印公司联系

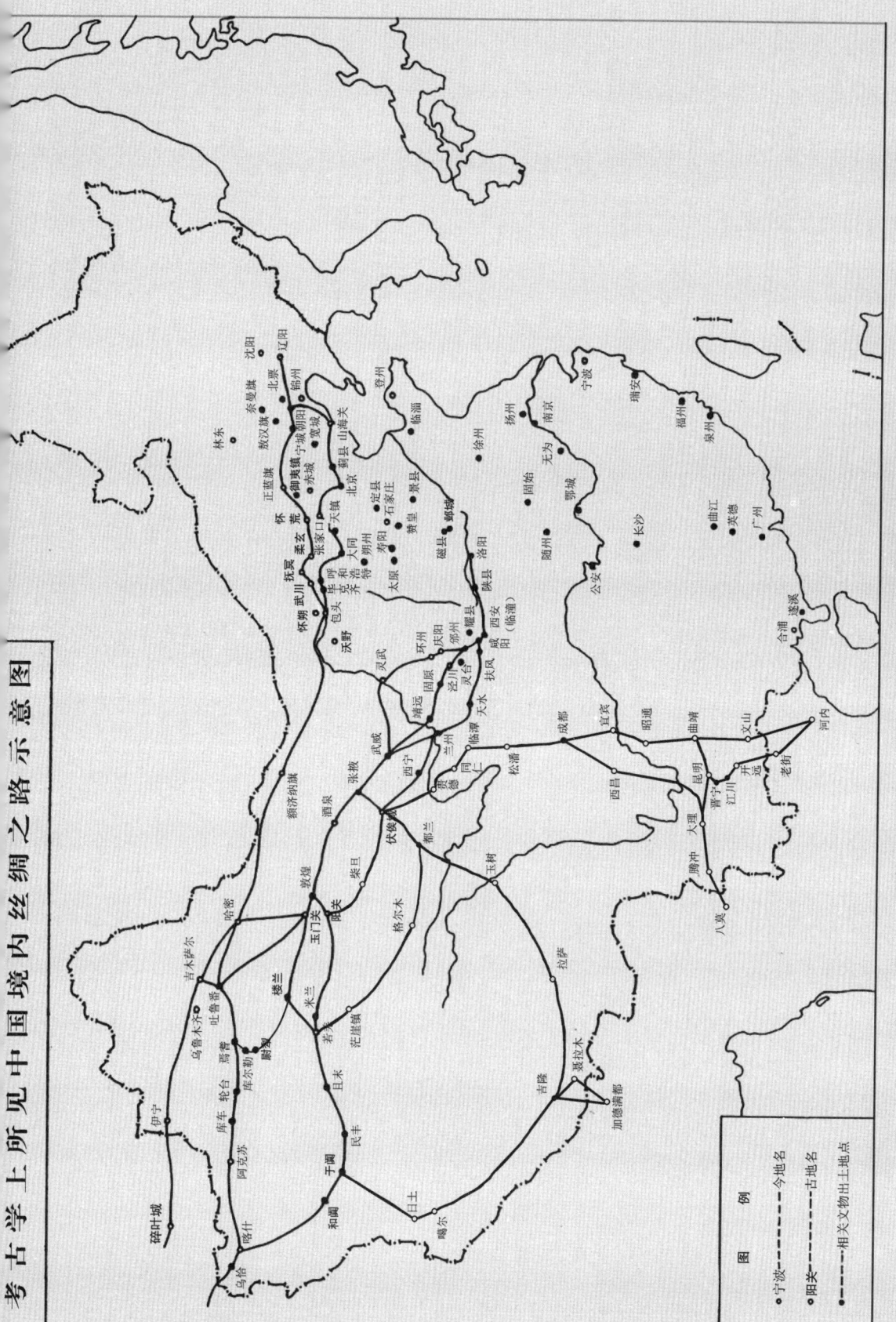

图版一 考古学上所见中国境内的丝绸之路示意图

编者注：在徐苹芳先生遗稿中，我们发现了这幅在《考古学上所见中国境内的丝绸之路》中《考古学上所见中国境内的丝绸之路示意图》基础上修改后的示意图。因该图与本集所收文章有较直接的关系，故将该图一并掌绘发表，供读者参考。

近年關於"絲綢之路"考古的新發現和研究

徐蘋芳

"絲綢之路"從德國地理學家李希霍芬(Ferdinand Von Richthofen, 1833—1905)提出以後,已經一個世紀了,他主要是指公元前二世紀至公元十三、十四世紀橫貫亞洲陸路交通幹線,是古代中國同西方各國經濟文化交流的通道,在這條路線上,運送的物品以中國古代的絲綢為大宗,故稱之為"絲綢之路"。這是一個很形像化的命名,很容易被人們所接受而通行起來。本世紀以來,中國學術界把古代中國與西方的交流路線統稱之為"絲綢之路",不只陸路交通,也包括海上交通。海路多販運中國古代瓷器,又稱之為"陶瓷之道"。不論"絲綢之路"或"陶瓷之道",它們的研究都是以中外文化經濟交流為主要內容的,皆冠以"絲綢之路",似乎已約定成俗了,人們都能理解。中國境內"絲綢之路"總括起來有四條:一是漢唐兩京(長安和洛陽)經河西走廊至西域路,這是"絲綢之路"的主幹道,包括原、會北道和青海道;二是中國北部的草原絲綢之路;三是雲、貴、川和西藏的西南絲綢之路;四是東南沿海的海上絲綢之路。我今天講的只限於這四條路線上的考古學的新發現和研究。

從考古學上研究絲綢之路,主要是通過絲綢之路沿線附近發現的有關遺跡與遺物,來考察行經路線之變化,研究中外文化經濟交流的內容和歷史。中國從事絲綢之路考古學研究的以向達和夏鼐兩位先生最早。向達先生的名著《唐代長安與西域文明》發表於1933年。五十年代以來,中國現代考古學蓬勃發展,外國古代遺物在中國屢有發現,夏鼐先生做了一系列地研究,如關於中國發現的羅馬、波斯薩珊、阿拉伯金銀錢幣和金銀器的研究①,關於漢唐時代中外織物的研究②,關於南亞或西亞的蝕花肉紅石髓珠的研究,關於中國發現的元代基督教徒墓碑的研究等,為建立中國絲綢之路考古學研究奠定了堅實的基礎。1986年宿白先生《中國境內發現的中亞與西亞遺物》和《中國境內發現的東羅馬遺物》兩篇文章,是帶有階段性總結的重要著作。1994年我在他們研究的基礎上,搜集了二十多個省市發現的108項(組)外國古代遺物,分列在西京至西域(或稱沙漠路線)、北方草原和海上三條路線,加以綜合論述,其中比較重要的有:西安隋唐墓出土的東羅馬、波斯薩珊和阿拉伯金銀幣,扶風唐法門寺塔地宮出土的早期伊斯蘭玻璃器,寧夏固原北周李賢墓出土的薩珊鎏金銀壺,甘肅靖遠出土的東羅馬鎏金銀盤,青海西寧出土的波斯薩珊銀幣,新疆吐魯番阿斯塔那墓地出土的東羅馬、波斯薩珊金銀幣和波斯錦,焉耆出土的獅紋、鳧鳥紋銀盤和有粟特文銘的銀碗,烏恰窖藏出土的900餘枚波斯薩珊銀幣,洛陽出土的羅馬玻璃瓶,山西大同北魏墓出土的薩珊刻花金銀器和玻璃器,遼寧朝陽遼馮素弗墓出土的伊斯蘭玻璃器,北票北燕馮素弗墓出土的東羅馬玻璃器,内蒙古昭烏達盟敖漢旗李家營子遼墓出土的薩珊金銀器,哲里木盟奈曼旗遼陳國公主墓出土的伊斯蘭玻璃器,河北定縣靜志寺塔基出土的伊斯蘭玻璃器,廣州西漢南越王墓和山東臨淄西漢齊王墓出土的刻紋紋銀盒,廣東遂溪南朝窖藏出土的粟特銀碗,廣州東漢墓、長沙漢晉墓和揚州東漢墓出土的南亞多面金珠,福州五代劉華墓出土的波斯孔雀藍釉陶瓶,南京東晉墓出土的東羅馬玻璃器和南亞金剛石戒指,河南固始春秋墓和湖北隨縣曾侯乙墓出土的西亞鑲嵌玻璃珠,等等。但是,未包括宗教類的遺物和伊斯蘭、基督教徒的墓碑墓石等。事隔五年,新發現不斷,現擇其重要者略述於下:

青海都蘭熱水吐蕃(吐谷渾)墓地出土的粟特錦 吐谷渾是慕容鮮卑的一支。四世紀初從東北遷移至今甘肅、青海之間,都伏俟城,遺址在今青海湖西岸，都蘭墓地則在伏俟城西南。七世紀中葉，吐蕃逐吐谷渾於涼州，其故地為吐蕃所占領。但是，有很多吐谷渾人並未離開其故地，仍在湟水和大通河流域聚地自保。因此，都蘭墓地在年代上雖已進入吐蕃占領時期，然被埋葬的人仍有可能是吐谷渾人。八十年代已發掘的都蘭墓地的正式報告尚未發表，從零星發表的材料看，墓中出土的大批絲織品中有很多是波斯錦，它的種類遠遠超過吐魯番阿斯塔那墓地所出，如聯珠紋佛像綜錦紋錦、黃地鷹紋錦、織有"王中之王，偉大的，光輝的"文義的巴列維（Pahlavi）文的紅地錦等，這種波斯錦主要產於今烏茲別克斯坦布哈拉附近，即昭武九姓的安國地區，故又稱為"粟特錦"。都蘭吐蕃墓地發現和波斯錦的出土，再次証明絲綢之路"青海道"的重要性。以伏俟城和都蘭為樞紐，有三條路線通過這裡，第一條是從金城（蘭州）經鄯州（樂都）、鄯城（西寧），過赤嶺（日月山），沿青海湖南北岸至伏俟城，西去由小柴旦、大柴旦，北轉當金山口至敦煌。第二條是從伏俟城到都蘭，經諾木洪至格爾木，西北過茫崖鎮至若羌。第三條是從青海入西藏至尼泊爾、印度的路線，這已屬於西南絲綢之路的範疇]。為了敘述的方便，我下面接著介紹西南絲路的重要考古發現，把絲路"青海道"和西南絲路的發現合併討論。

西藏吉隆發現的《大唐天竺使出銘》都蘭吐蕃墓地發現後，引起了學術界的重視。多杰才旦首先注意到了從青海入西藏至尼泊爾、印度的道路，有一條是經青海湖、"吐谷渾衙帳"入藏的，即唐道宣《釋迦方志·遺迹篇》所記的東道：

其東道者，從河州西北度大河，上漫天嶺，減四百里至鄯州。又減百里至鄯城鎮，古州地也。又西南減百里至故承風成，是隋至吐地也。又西減二百里至清海，海中有小山，海周七百餘里。海西南至吐谷渾衙帳。又西南至國界，名白蘭羌。北界至積魚城。西北至多彌國。又西南至蘇毗國。又西南至歌國。又南稍東至吐蕃國。又西南至小羊同國。又西南度呾倉法關,吐蕃南界地。又東稍南度末上加三關。東南入谷,經十三飛梯、十九棧道。又東南或西南,緣葛攀藤,野行四十餘日,至北印度泥婆羅。

多杰才旦認為,上述"其路線(西寧以前不贅)大體是:從西寧出發,西南經湟中越拉脊山口(故承風戍),然後西走青海湖南畔至都蘭(吐谷渾衙帳),再實河源西側,經七渡口過青海玉樹州西三縣境,越唐古拉山脈(很可能走查吾拉山口)抵西藏那曲地區東部的巴青或聶榮(散國),再經那曲(縣)、旁多、林周等地抵拉薩;然後向西南經過年楚河畔(小羊同國),或經吉隆(很可能就是此地),或經聶拉木到達尼泊爾。""應該指出,道宣本人未走此路,而是根據別人的介紹記載的,有些誤差可以理解;此外,這一記載所立足的時間大約在隋末唐初,應該說是對絲路吐蕃道最早的具體記錄。……尤

其是'吐谷渾衙帳'以東以南地段,與唐代其它記載是有差別的,因而也更顯其珍貴。""唐初,李義表使印度走的是這條路,王玄策三使印度的後兩次也走的是這條路,而且泥婆羅國'遣使入獻波稜酢菜、渾提蔥'以及印度傲糖法的傳入無疑也都通過這條路。不僅如此,唐代西行求經之僧徒共五十餘人,其中取道河源、吐蕃、泥婆羅進出者,計有玄照、道希、玄太、玄恪、道方、道生、師子慧、慧輪等八人。這些史事標明這條絲路支線的歷史作用繪下了濃重的一筆。"⑫

多杰才旦寫《關於絲路吐蕃道的交通路線問題》這篇文章時是1990年7月,正在此時,1990年6月在西藏吉隆(舊名"宗喀")縣城北約4.5公里遠的阿瓦英山嘴崖壁上,發現一塊題為"大唐天竺使出銘"的摩崖碑刻⑬。碑銘寬81.5、殘高53公分,上端正中橫刻篆文額題"大唐天竺使出銘"7字,碑文陰刻楷書24行,行字間陰刻細線方格。茲錄殘文如下:

記錄人劉嘉賓撰□記錄人□〔表示下殘〕
□人□□瑩書 賀守一書□
維顯慶三年六月大唐馭天下之□
聖□(朝?)系葉重光玄化法於撫空□
□□ 道格□穹□(於)三五以
□及踵貫(勾?)之國覘風雨而來□
踰山海而(輴)(覆?)糧身毒迂隔□
□□序皇上軫念濡□
大□□左驍衛長史王玄策宣□
劉仁楷選關內良家子六(人?)
亂之方□□□邊之衝於是出□
聲超雪嶺指鷲山以遵鷲□

季夏五月屆于小楊童之西□
時水□方壯棧□閣乃摧□
山隅□則雪□擁□□□白雲□
泂擁墨霧而□□西瞰連峰□
舊水摠萬壑之□流是天□
險也但燕然既遍猶刊石以□
銅而□□況功百往□路□□
之□猷默皇華之□□
小人為其銘曰
懿皇華兮奉□天則馳輶□
窮地域勤貞石兮靈山側□
使人息王令敏□(樂?)使任□

《大唐天竺出使銘》是唐顯慶四年（659年）五月，王玄策第三次出使天竺時所刻。銘文由正使王玄策撰義，記錄人劉嘉賓撰，賀守一書；同行者有王玄策之子王令敏和他的侄子，還有由劉仁楷選來的關內良家子若干人。於五月間來到小楊童之西，遇水受阻，乃刻銘以記其事。自發現以來，有些學者作了研究，而以1998年7月發表的黃盛璋的論文[15]最為全面。《大唐天竺出使銘》是研究唐代吐蕃入泥婆羅交通路線最重要的實物證據，它解決了長期以來有爭論的唐初吐蕃泥婆羅道是出吉隆抑或是出聶拉木的問題，王玄策在吉隆刻石直接說明了吐蕃泥婆羅道是出吉隆。同時，它也證明了王玄策出使天竺的行經路線，就是道宣《釋迦方志》所記通印度三道中的東道，其中的小羊同即《出使銘》中的小楊童，其地當在今年楚河畔以西、宗喀山口東北不遠之處，《出使銘》碑刻正在其西。這條路線的北段，有青海湖西南伏俟城和都蘭吐蕃墓地的發現，進一步說明絲綢之路青海道與吐蕃泥婆羅道是溝通中亞西域和南亞的國際路線，而其連接點便在都蘭。這是近年絲綢之路考古學上最重要和最有價值的發現。

寧夏固原隋唐史家墓地出土的仿製東羅馬金幣和藍寶石獅紋印章固原北朝為高平，隋唐海原州。北周李賢墓的發現引起了人們對固原考古的注意。八十年代以來，陸續發掘了隋唐史家墓地，史姓是昭武九姓之一。以前曾在隋大業六年（610年）史射勿墓中發現薩珊軍路斯銀幣，在唐儀鳳三年（678年）史道德墓中發現仿製的東羅馬金幣。其後，又在唐麟德元年（664年）史索巖墓中發現一枚金幣，徑1.9公分，重0.8克，很薄，已被剪邊，單面有皇帝半身像，銘文模糊，上下各有穿孔。在唐咸亨元年（670年）史訶耽墓出土的金幣徑2.3公分，重2克，單面有皇帝像，銘文變形，難以辨識。也是咸亨元年的史鐵棒墓，出土的金幣徑2.5公分，重1克，單面有國王側面像，銘文不辨，上端有穿孔。史家墓地出土的四枚東羅馬金幣，全是仿製品。它們大概都是阿拉伯的仿製品，也有可能是中亞粟特地區的仿製品。所以，出於昭武九姓後裔的墓中是很合理的事，他們按照其民族習慣，死後往往口含或手握錢幣。在史訶耽墓中還出土了一枚藍色圓形寶石印章，徑1.4公分，厚0.5公分，印文凹雕臥獅和三枝有葉的樹，四週雕一圈銘文。⑯有人認為印章上的銘文是中古波斯文，意為自由、樂業、幸福，獅身後的樹是祆教中的生命樹。⑰最近，又在唐顯慶三年(658年)史道洛墓中發現金幣和殘玻璃器。史家墓地仍在發掘，絲綢之路原、會支線上屢次發現外國遺物，說明這條路線的重要性。

　　新疆出土的外國絲毛織物、玻璃器和首飾　　新疆的絲路考古一直引人注目，前年在上海博物館展出的新疆絲路珍品，又公布了一批很重要的外國遺物。尉犁營盤墓地在從樓蘭去尉犁路上孔雀河東岸的要衝之地，1995年11月至12月共發掘了100餘座墓，未被盜掘過的有32座，其中第15號墓保

存最好，為長方形豎穴土坑墓(2.9×1.46×1.8米)，葬具為箱式木棺，棺外皮畫彩色圖案，有類似阿堪突斯(Acanthus)的葉紋圖案，棺蓋上蓋長方形彩色獅紋毳紙毛毯。死者男性，高1.8米，約25歲，乾屍呈灰褐色，棕髮，挽單髻於腦後，紫絹帶，身穿淡紅地對人對獸對樹罽袍，頭枕絹繡雞鳴枕，(長140公分)面蓋麻質面具，腳貼金氈襪，身蓋淡黃色絹衾。在死者胸前和左手處有兩付用錦繡製的長23—26公分的小衣服各一件，用意不明。此墓的年代，據發掘者推測應在漢晉之際，彩色獅紋毳紙毛毯和淡紅地對人對獸對樹罽袍，顯然是西亞或中亞的織物。⑱營盤9號墓出土一件蘑菇玻璃杯，高8.8公分，⑲1號墓和26號墓都出有玻璃項鏈。南疆的洛南山普拉墓地出土的武士⑳像掛毯，殘長116公分，武士執矛，上部為花形聯珠紋人首馬身像，它的時代約為公元二世紀。㉑1996年在交河城溝西車師墓地1號墓中出有金冠、金戒指和中國形的綠松石耳飾，同年在且末扎滾魯克一號墓地49号墓(公元17㉒

一420号)出土過一仲薩珊玻璃杯,高6.8公分。在庫車森木塞姆石窟中也出土一仲玻璃杯,高9.7公分,腹部有貼飾作裝飾[23][24]。新疆是絲綢之路考古研究的重地,以上所舉者僅數例而已。

其他如洛陽漢魏故城遺址中出土的仿薩珊玻璃器的釉陶碗,口徑8.4公分,高5.6公分[25]。當時真正的薩珊玻璃碗是十分珍貴的,故而才有用釉陶仿製品出現。在洛陽偃師杏園1902號唐墓中還出土了一枚金戒指,徑2.2公分,內徑1.6公分,重6.5克,戒面嵌紫色水晶石上刻反體巴列維文,自右至左意為"好極啦"、"奇妙無比",以此為印章。同樣戒印在伊朗也有發現[26]。波斯孔雀藍釉陶器曾在福州和揚州發現,近年又在寧波發現,可見它們都是從海路上運來的。

中國的絲綢之路考古研究在近年國內外學術界出現了一個小熱潮,發表了很多論文和專著,取得了成果。下面我想就近年中國絲綢之路考古研究方面發一點個人意見。

第一,關於早期北方絲路考古的研究 中國北方橫貫歐亞大陸的草原絲綢之路是歷史最悠久、持續時間最長的交通路線。它比漢唐西京通西域的沙漠絲綢之路要早的多。漢張騫通西域是中國官方政府通西域之始,而中國民間在此以前早已與外界有交往。遠的不說,從商代以來中國便通過北方草原與西方中亞西亞等地交流,安陽殷墟的考古發現已證實了這一點。譬如在殷墟發現的馬車,有的西方學者便認為是西亞兩河流域傳來的,後來又在原蘇聯境內的亞美尼亞(Armenia)賽萬湖南岸的嗒申(tchasken)古墓中發現了公元前1500年的馬車,與殷墟的馬車很相似,卻比殷墟馬車的年代要早三百年左右。夏含夷認為馬車在公元前1200年前後從西北傳進中國[27]。殷墟的馬車確實已不是原始型的車,幾十年來我們也沒有在此前的新石器時代諸文化遺址中發現任何車子的影子，在中國找不到馬車的雛型和發展痕迹，但是，馬車如何從中亞傳到殷墟，也是一個謎。最近在河南偃師商城內一條道路上發現了車轍，這個車轍的地層年代為公元前1500年，正與喀申馬車年代相當，遺憾的是只有車轍，沒有車和馬，而且車轍只有1.2米寬，與殷墟馬車轍寬2.2—2.4米相差太遠，說不清楚是什麼車。這個發現並不能否定夏含夷的論點，還要繼續探索。另一個例子便是商周以來在中國北方形成的"北方式青銅器"(也曾稱為"鄂爾多斯青銅器")文化，以青銅武器、工具、馬具和裝飾品等為主要內容，以動物形像裝飾紋樣為特徵，是一種游牧民族的文化，以他們為中介，促進了商周與外貝加爾湖、南西伯利亞、中亞、黑海北岸草原等區的文化交流。林澐和杜正勝等都作過很好的考察和研究。目前，要深入探求的問題還很多。游牧民族移動快，考古遺址難保存，年代不易確定，再加上民族關係複雜，研究起來十分棘手，但却是一個十分重要值得研究的學術課題。

　　第二，關於西南絲綢之路的研究。通過西藏吉隆《大唐天竺使出銘》的發現，喚起了我們對西南絲路研究的興趣。雲南晉寧石寨山西漢墓和雲南江川李家山22號墓均曾出土過花紋簡單的蝕花肉紅石髓珠。蝕花肉紅石髓珠是在鷄血石上用化學的方法腐蝕出各種花紋，公元前2000年即在西亞和南亞出現。江川李家山22號墓的年代約在公元前六世紀，說明西亞、南亞與中國西南川滇交通，并不比張騫通西域晚，張騫在大夏曾見過來自身毒（印度）的蜀布（見《史記·大宛列傳》）。稍晚一些的還有晉寧石寨山西漢墓出土的中亞或西亞的列瓣銅盒，以及最近在四川成都發現的有濃厚犍陀羅風格的南朝佛教造像，它們都是從那條路線進入川滇的？值得注意。同時，對南朝與西域交通路線上的"河南道"（即從四川經青海東南部入"青海道"）的路線的作用，也應充分估計。

第三，關於中國古代與羅馬之間的交通關係問題。本來中國古代與羅馬之間沒有直接的交通來往關係是很清楚的事。近年有些人不知何故，千方百計要從考古上證成漢代與羅馬有直接關係，最明顯的有兩個例子，一是關於在甘肅永昌發現古羅馬軍隊居住的驪靬古城及其後裔的事[33]；另一個是林梅村撰文論證公元100年時有一個羅馬商團到了中國東漢首都洛陽[34]。關於這兩個說法，邢義田在1997年6月發表《漢代中國與羅馬帝國關係的再檢討》一文[35]，作了充分的剖析和駁斥，指出兩說基於浪漫連想者多於堅實證據，在中國境內迄今不見任何一枚屬於漢亡以前（公元220年）的羅馬錢幣，極少數幾件出土的羅馬玻璃器，是否海其他地區的仿製，由誰如何傳入中國，卻極不明確，依目前的證據看，只能說漢代中國和羅馬之間曾有間接且間斷的關係。

尋找驪靬古城事近荒誕，又無文物考古界人士之參與，在學術沒有什麼影響。羅馬商團到洛陽的事，卻是考古學界本身的事，而且發表在中國社會科學的權威雜誌上。邢義田的論文首先檢討了林文所依據的托勒密《地理志》的各種譯文，均得不出公元100年羅馬商人到中國洛陽的史實，舉出七條林文失實的材料，證明林文所說的史實都是毫無根據的自己編造的。邢文發表以後，林氏沒有正面答覆，卻於1998年5月在其新結集的論文集中發表《中國與羅馬的海上交通》一文，堅持原來觀點，把中國沿海地區出土的金幣、陶器、銀器和玻璃器都算作羅馬遺物，而且根據對某些古地名的對音，腹原了一條從羅馬城到廣州的航線，所用的方法編造完全與羅馬商團的相同而且更為離奇，如說方士入海求仙是開闢這條航線的動力等等，甚至在引用材料上竟把自己編造的荒唐之詞加到別人身上去[36]。這是很不嚴肅和很不負責任的學風問題。

目　录

中国边疆史地研究与考古学 ………………………………………………… 1
中国境内的丝绸之路 …………………………………………………………… 3

考古学上所见中国境内的丝绸之路 ………………………………………… 8
考古学上所见的中国通往日本的丝绸之路 ………………………………… 96
关于中国境内丝绸之路考古的新发现和研究 …………………………… 100
近年关于丝绸之路考古的新发现和研究 ………………………………… 109

在西部开发中关于中外关系史的考古学研究 …………………………… 121

插图出处 ……………………………………………………………………… 136

后记 …………………………………………………………………………… 150

图 版 目 录

图版一　考古学上所见中国境内的丝绸之路示意图 ··· 1

插 图 目 录

中国境内的丝绸之路
　　图一　晋宁石寨山西汉墓出土蚀花肉红石髓珠 ··· 6
　　图二　江川李家山22号墓出土蚀花肉红石髓珠 ··· 6
　　图三　《大唐天竺使出铭》拓片 ·· 7

考古学上所见中国境内的丝绸之路
　　图一　考古学上所见中国境内的丝绸之路示意图 ······································· 9
　　图二　外国铭文铅饼、铜饼 ·· 10
　　图三　沣西张家坡北朝隋墓出土波斯银币 ·· 11
　　图四　西安隋清禅寺塔基出土萨珊玻璃瓶 ·· 11
　　图五　李静训墓出土遗物 ··· 12
　　图六　西安陈感意墓出土仿制东罗马金币 ·· 13
　　图七　西安曹家堡唐墓出土仿制东罗马金币 ··· 13
　　图八　西安土门村唐墓出土拜占庭金币 ·· 14
　　图九　西安西窑头村唐墓出土阿拉伯金币 ·· 15

图一〇　西安7区30号唐墓出土波斯萨珊银币…………………………………15
图一一　国清寺舍利塔发现的波斯萨珊银币…………………………………16
图一二　西安何家村唐代窖藏出土钱币………………………………………17
图一三　西安何家村唐代窖藏出土萨珊玻璃杯………………………………17
图一四　西安何家村出土东罗马金币…………………………………………18
图一五　西安飞机厂出土东罗马金币…………………………………………18
图一六　西安附近出土东罗马金币……………………………………………18
图一七　西安东郊出土东罗马金币……………………………………………18
图一八　西安土门村唐苏谅妻马氏墓志………………………………………19
图一九　西安沙坡村出土大角鹿纹银碗………………………………………20
图二〇　耀县隋神德寺塔基出土波斯银币……………………………………20
图二一　临潼唐庆山寺舍利塔基出土小玻璃瓶和人面铜壶…………………21
图二二　咸阳底张湾隋独孤罗墓出土东罗马金币……………………………22
图二三　咸阳底张湾隋贺若氏墓出土东罗马金币……………………………22
图二四　扶风姜塬汉代遗址出土外国铭文铅饼………………………………22
图二五　扶风法门寺唐代塔基出土贴花盘口玻璃瓶…………………………23
图二六　扶风法门寺唐代塔基出土玻璃盘……………………………………24
图二七　扶风法门寺唐代塔基出土印纹直筒玻璃杯…………………………24
图二八　扶风法门寺唐代塔基出土玻璃盘和玻璃杯…………………………25
图二九　天水出土东罗马金币…………………………………………………26
图三〇　刘大有收集波斯萨珊银币……………………………………………26
图三一　张掖大佛寺出土波斯萨珊银币………………………………………26
图三二　甘肃灵台出土外国铭文铅饼…………………………………………27
图三三　固原北魏墓出土波斯萨珊银币………………………………………27
图三四　固原北周李贤墓出土鎏金银壶………………………………………28
图三五　固原北周李贤墓出土玻璃碗和青金石戒指…………………………28
图三六　固原隋史射勿墓出土波斯萨珊银币和金戒指………………………29
图三七　固原唐史道德墓出土东罗马金币……………………………………29
图三八　甘肃靖远出土鎏金银盘………………………………………………30
图三九　青海西宁出土波斯萨珊银币…………………………………………31
图四〇　阿斯塔那61号墓出土《唐西州高昌县上安西都护府牒稿为
　　　　录上讯问曹禄山诉李绍谨两造辩辞事》………………………………33

图四一	阿力麻里城出土叙利亚文基督教徒墓碑	33
图四二	阿力麻里城出土察合台汗国银币	34
图四三	楼兰古城出土贵霜铜币	34
图四四	米兰吐蕃戍堡西南废佛寺出土有翼天使像壁画残片	35
图四五	和阗出土蚀花肉红石髓珠	36
图四六	楼兰出土蚀花肉红石髓珠	36
图四七	和阗出土喀喇汗王朝嵌银錾花铜托盘	37
图四八	和阗出土喀喇汗王朝錾花铜器盖	38
图四九	和阗出土喀喇汗王朝嵌银錾花铜器盖	38
图五〇	和阗出土喀喇汗王朝嵌紫铜錾花铜盒	39
图五一-1	阿图什出土喀喇汗王朝钱币	39
图五一-2	阿图什出土喀喇汗王朝钱币	40
图五二	乌恰出土波斯萨珊银币	41
图五三-1	阿斯塔那哈喇和卓高昌古城1950年出土波斯萨珊银币	43
图五三-2	阿斯塔那哈喇和卓高昌古城1950年出土波斯萨珊银币	44
图五四	阿斯塔那哈喇和卓高昌古城1955年出土波斯萨珊银币	45
图五五	阿斯塔那哈喇和卓高昌古城1957年出土波斯萨珊银币	46
图五六	阿斯塔那1区3号墓出土波斯萨珊银币	46
图五七	哈喇和卓古坟出土波斯萨珊银币	46
图五八	阿斯塔那高昌墓地出土波斯萨珊银币	47
图五九	阿斯塔那48号墓出土波斯萨珊银币	47
图六〇	阿斯塔那363号墓出土波斯萨珊银币	47
图六一	阿斯塔那149号墓出土波斯萨珊银币	48
图六二	雅尔湖高昌墓地出土波斯萨珊银币	48
图六三	阿斯塔那325号墓出土猪头纹锦	49
图六四	阿斯塔那332号墓出土立鸟纹锦	49
图六五	焉耆唐王城出土银碗	50
图六六	焉耆唐王城出土银盘	50
图六七	库车苏巴什古城出土波斯萨珊银币	51
图六八	库车克力西出土有翼铜人像	52
图六九	洛阳东郊出土罗马玻璃瓶	52
图七〇	洛阳龙门唐安菩墓出土东罗马金币	53

图七一	洛阳北邙山30号唐墓出土波斯萨珊银币	53
图七二	洛阳关林118号唐墓出土萨珊玻璃瓶	53
图七三	陕县刘家渠隋刘伟夫妇墓出土波斯萨珊银币	55
图七四	河北景县北魏封魔奴墓出土玻璃碗	56
图七五	河北景县北魏祖氏墓出土玻璃碗	56
图七六	河北磁县东魏茹茹公主墓出土拜占庭金币	56
图七七	河北赞皇东魏李希宗墓出土波纹银碗和银戒指	57
图七八	河北赞皇东魏李希宗墓出土拜占庭金币	57
图七九	太原金胜村5号唐墓出土波斯萨珊银币	58
图八〇	寿阳北齐库狄回洛墓出土走狮纹玛瑙带饰	58
图八一	土默特左旗毕克齐镇古墓出土金冠饰	61
图八二	土默特左旗毕克齐镇古墓出土金戒指和拜占庭金币	62
图八三	土默特左旗毕克齐镇古墓出土高足银杯	62
图八四	呼和浩特坝子村古城出土波斯萨珊银币	63
图八五	大同北魏封和突墓出土鎏金银盘	63
图八六	大同南郊张女坟107号北魏墓出土萨珊玻璃碗和鎏金刻花银碗	64
图八七	大同南郊北魏遗址出土金银器	65
图八八	大同天镇窖藏出土波斯萨珊银币	66
图八九	北京西晋华芳墓出土萨珊玻璃碗	67
图九〇	蓟县独乐寺白塔出土伊斯兰刻花玻璃瓶	67
图九一	河北宽城出土萨珊银壶	67
图九二	朝阳北塔天宫出土萨珊玻璃瓶	68
图九三	朝阳辽耿延毅墓出土玻璃器	68
图九四	辽宁北票北燕冯素弗墓出土玻璃器	69
图九五	敖汉旗李家营子1号墓出土鎏金银器	70
图九六	奈曼旗辽陈国公主墓出土玻璃器	71
图九七	定县北魏塔基出土波斯萨珊银币	72
图九八	定县北宋静志寺塔基出土玻璃器	73
图九九	朝阳唐墓出土东罗马金币	75
图一〇〇	朝阳唐墓出土石雕胡俑	75
图一〇一	广州秦代造船工场遗址	78
图一〇二	广州南越王墓出土列瓣纹银盒	78

  图一〇三 广州南越王墓出土金花泡饰 ……………………………………………… 79
  图一〇四 广州南越王墓出土象牙和乳香 …………………………………………… 80
  图一〇五 广州横枝岗2061号墓出土罗马玻璃碗 ………………………………… 80
  图一〇六 广州汉墓第4013号墓出土镂空小金球 ………………………………… 81
  图一〇七 广州西汉后期墓出土肉红石髓珠 ………………………………………… 81
  图一〇八 广东英德南齐墓出土波斯银币 …………………………………………… 81
  图一〇九 广东曲江南华寺第3号南朝墓出土波斯银币 …………………………… 82
  图一一〇 广东遂溪南朝窖藏银碗和波斯萨珊银币 ………………………………… 83
  图一一一 长沙五里牌9号东汉墓出土多面金珠、金球 …………………………… 84
  图一一二 泉州湾后渚港宋代海船 …………………………………………………… 85
  图一一三 福州五代刘华墓出土波斯孔雀蓝釉陶瓶 ………………………………… 85
  图一一四 瑞安北宋慧光塔出土刻花玻璃瓶 ………………………………………… 86
  图一一五 鄂城五里墩西晋墓出土萨珊玻璃碗 ……………………………………… 86
  图一一六 安陆唐吴王妃杨氏墓出土波斯银币 ……………………………………… 87
  图一一七 无为宋代塔基出土刻花玻璃瓶 …………………………………………… 87
  图一一八 南京象山7号墓出土罗马玻璃杯和金刚石金戒指 ……………………… 88
  图一一九 南京鼓楼岗东晋墓出土罗马玻璃杯残片 ………………………………… 89
  图一二〇 南京北郊东晋墓出土罗马玻璃杯残片 …………………………………… 89
  图一二一 镇江句容六朝墓出土萨珊玻璃碗 ………………………………………… 90
  图一二二 扬州甘泉二号汉墓出土罗马玻璃残片和多面金珠 ……………………… 90
  图一二三 扬州出土绿釉双耳波斯陶壶 ……………………………………………… 91
  图一二四 河南固始侯古堆一号墓出土镶嵌玻璃珠 ………………………………… 92
  图一二五 湖北随县曾侯乙墓出土镶嵌玻璃珠链饰 ………………………………… 92
  图一二六 徐州土山东汉墓出土兽形铜砚盒 ………………………………………… 92
  图一二七 临淄西汉齐王墓第一号随葬坑出土列瓣银盒 …………………………… 93

考古学上所见的中国通往日本的丝绸之路

  图一 日本正仓院藏萨珊白玻璃瓶 ……………………………………………………… 96
  图二 日本奈良橿原市新泽千冢126号墓出土萨珊磨花玻璃碗 …………………… 97

关于中国境内丝绸之路考古的新发现和研究

  图一 敦煌石窟发现的联珠对狮纹锦缘经帙 ………………………………………… 100

图二　敦煌石窟发现的红地联珠对羊对鸟纹锦 ………………………………… 101
图三　莫高窟北区出土波斯萨珊银币 ……………………………………………… 101
图四　都兰热水吐蕃墓出土波斯锦 ………………………………………………… 101
图五　且末扎滚鲁克1号墓地49号墓出土萨珊小玻璃杯 ……………………… 102
图六　民丰尼雅汉晋墓出土料珠项链 ……………………………………………… 102
图七　温宿县包孜东41号墓出土蓝色琉璃珠项链和蚀花玛瑙项链 ………… 102
图八　交河故城沟西1号墓地1号车师贵族墓出土金冠、
　　　　金戒指和绿松石耳饰 ………………………………………………………… 102
图九　尉犁营盘汉晋墓地9号墓出土萨珊玻璃杯 ……………………………… 103
图一〇　尉犁营盘汉晋墓地15号墓出土红地对人对兽树纹罽袍 ……………… 103
图一一　巴里坤出土羊鹿直柄镜 ……………………………………………………… 103
图一二　昭苏乌孙墓出土金戒指 ……………………………………………………… 103
图一三　洛阳偃师杏园1902号唐墓出土金戒指 ………………………………… 103
图一四　北魏洛阳城遗址出土仿萨珊釉陶碗 ……………………………………… 104
图一五　北京西晋华芳墓出土银铃 …………………………………………………… 105
图一六　晋宁石寨山汉墓出土列瓣纹镀锡铜盒 …………………………………… 105
图一七　宁波唐宋子城遗址出土波斯釉陶片 ……………………………………… 106

近年关于丝绸之路考古的新发现和研究

图一　固原隋唐史家墓地出土金币及印章 ………………………………………… 114
图二　固原史道洛墓出土玻璃器 …………………………………………………… 115
图三　尉犁营盘墓地第15号墓出土男尸 ………………………………………… 115
图四　洛甫山普拉墓地出土武士像挂毯 …………………………………………… 116
图五　库车森木塞姆石窟出土玻璃杯 ……………………………………………… 116
图六　殷墟车马坑 ……………………………………………………………………… 117
图七　成都市西安路出土犍陀罗风格南朝造像 …………………………………… 119

在西部开发中关于中外关系史的考古学研究

图一　固原北周田弘墓出土仿制东罗马金币 ……………………………………… 124
图二　太原隋虞弘墓石椁 …………………………………………………………… 125
图三　西安北郊北周安伽墓石棺床 ………………………………………………… 126
图四　天水石马坪石棺床 …………………………………………………………… 126

图五　美国华盛顿弗利尔美术馆藏石棺床 …………………………………… 126
图六　德国科隆东方美术馆藏石棺床石阙 ………………………………… 127
图七　法国吉美博物馆藏石棺床侧屏 ……………………………………… 127
图八　美国波士顿博物馆藏石棺床后屏 …………………………………… 128
图九　日本京都MIHO博物馆藏石棺床 …………………………………… 128
图一〇　敦煌悬泉置遗址出土"四时月令" ………………………………插页

中国边疆史地研究与考古学

中国边疆史地研究是一门政治性、政策性很强的学科,从这门学科发展的历史完全可以证实这一点。近代以来,帝国主义分子在我国边疆展开了广泛的所谓"考察",大量搜集边疆的政治、经济、民族、自然资源、地理、气象水文等各方面的情况;同时,肆无忌惮地掠夺中国古代文物。他们还在边疆史地的研究上散布了一系列的谬论,这些谬论的依据多与他们进行的"考察"有密切关系。因此,在中国边疆史地研究中,我国考古学家有责任与研究边疆史地的学者共同协作,重新阐述中国边疆史地的若干问题。

中国边疆地区多是少数民族聚居的地区,中国边疆史地研究与中国少数民族史的研究有着密切的关系。但是,边疆地区历史上的民族与现在居住的少数民族不尽相同,搞清楚边疆地区古代民族迁徙变化的史实,是研究边疆史地的一个关键。考古学的发现对研究边疆地区古代民族的分布和历史,有着重要的参考价值。

中国边疆既有北、西和西南的广大陆疆,也有东和东南的辽阔海疆。四十多年来,许多考古工作者在这些边疆地区做了很多工作,为边疆史地的研究提供了大量资料。

内蒙古地区的考古,属旧石器时代晚期的有萨拉乌苏遗址,以发现"河套人"而著称,距今约5万~3.5万年。1973年发现的大窑旧石器制作场遗址,把内蒙古旧石器时代文化提前到35万年以前,具有十分重要的科学意义。新石器时代的考古则以东部的兴隆洼文化、赵宝沟文化、红山文化和夏家店下层文化,西部的阿拉善一、二、三期文化和朱开沟文化最为重要。其中夏家店下层文化和朱开沟文化都已出现了铜器,使用了表示身份的礼器,说明上述地区正在向文明的社会迈进。有关匈奴、鲜卑、契丹和蒙古族的考古,在内蒙古地区都有重要收获,揭示了这个地区历史的实况。

新疆古代文化以细石器文化拉开序幕,它们分布在天山南北、塔里木盆地周边和罗布泊附近。距今3 800年的孔雀河北岸古墓沟的墓地,距今2 900~2 600年的和静县察吾呼沟墓地和轮台群巴克墓地及其出土遗物,分别代表着汉代以前新疆居民的文化和生活。从公元3世纪开始,在天山以北的草原地带是塞族、乌孙、突厥等游牧民族的活动场所;天山以南的塔里木盆地绿洲和吐鲁番盆地附近的古国,如车师、高昌、鄯善(楼兰)、龟兹、于阗、疏勒等,及其以后的回鹘、吐蕃,都在新疆留下了遗迹和遗物。考古发现为新疆史地的研究开拓了广阔的途径。

西藏在吐蕃时期以前,便有当地的土著文化,以昌都卡若遗址和拉萨曲贡遗址最为重要。卡若遗址距今约5 200～4 000年,居民从事粟作农业。拉萨曲贡遗址的年代比卡若遗址晚,居民也从事农业经济,发掘工作正在进行,详情尚待补充。西藏考古的新收获,对西藏地方史的研究有着十分重要的意义,同时也是对我国西南边疆史地研究的新贡献。

宋元时期著名的港口城市泉州的考古工作,是海疆史研究中的重要内容,如后渚港遗迹的调查,宋代海船的发掘,以及泉州附近与中外文化交流有关的遗迹、遗物的调查。在宁波、扬州曾发现过一些外销和输入的瓷器、玻璃器等。在广州还曾发现过秦汉造船遗迹。近年还开展了水下考古学,正在南海从事沉船的考察。

以上所举诸例说明,考古学的发现和研究可以给边疆史地的研究提供文献上所没有的史料及其深远的历史背景。考古学的研究对象是人类活动留下的遗迹和遗物,内容十分复杂。边疆地区考古几乎全部都与边疆史地有关系,考古发现中的许多问题,要靠边疆史地学者来解释。这两门学科要互相配合,共同协作,为进一步开展和繁荣中国边疆史地和边疆考古的科学研究而努力。

原载《中国边疆史地研究》1992年2期。

中国境内的丝绸之路

中国境内的丝绸之路是长期以来在国内交通路线上发展形成的，外国商旅贡使经常沿某些路线往来，逐渐形成带有国际性的旅行路线。100多年前德国地理学家李希霍芬称之为"丝绸之路"，主要是指公元前2世纪至公元13～14世纪横贯欧亚的陆路交通干线，是古代中国同西方各国经济文化交流的通道，在这条路线上，运送的物品以中国古代的丝绸为大宗，故称为"丝绸之路"。这是一个很形象的名字，很容易被人们所接受而通行起来。中国的学术界更把古代中国与西方的交通路线统称为"丝绸之路"，不只陆路交通，也包括海上交通。海路多贩运中国古代瓷器，又被称为"陶瓷之道"，对它们的研究都是以中外文化经济交流为主要内容的。

中国境内的丝绸之路，由于受社会或自然环境因素之制约，随着时代而迁移，要确定丝绸之路所经之具体路线，除文献上有明确记载之外，考古学的发现也极其重要。在丝绸之路及其附近地区，往往有佛教、基督教（景教）、伊斯兰教、摩尼教和印度教的石窟寺院等遗迹，还有中亚昭武九姓后裔和阿拉伯人的墓地，发现了许多外国输入的遗物，诸如东罗马（拜占庭）和阿拉伯金币，波斯萨珊银币，东罗马和萨珊金银器皿、首饰，罗马、萨珊和伊斯兰的玻璃器皿，以及中亚织造的"波斯锦"（粟特锦）等。特别是在文献上没有记载的情况下，这些考古发现在研究丝绸之路的路线和交流内容方面，具有不可替代的重要性。至于非物质文化的交流，许多宗教的传入和影响，其他诸如语言、音乐、舞蹈、服饰、饮食、生活习俗方面，则更为生动广泛；科学技术的交流，资源物产的引进，内容也极其丰富。至于中国古代文化向世界传播的情况，则必须通过对中国古代文物在境外各地的发现来研究。

中国境内的丝绸之路，总括起来有四条：一是汉唐两京（长安和洛阳）经河西走廊至西域路，这是丝绸之路的主道，包括原、会北道和青海道，它因通过新疆的塔克拉玛干沙漠和中亚的若干沙漠地区而被称为丝绸之路的沙漠路线；二是中国北部的草原丝绸之路；三是中国四川、云南和西藏的西南丝绸之路；四是中国东南沿海的海上丝绸之路。兹分别略述如下：

一、沙漠路线。自长安（或洛阳）至西域的丝绸之路沙漠路线可分为两大段：自西安至敦煌、玉门关、阳关为东段，包括陇右、河西和青海段；自敦煌、玉门关、阳关入新疆为西段，可称之为西域段。

东段的陇右和河西线分南路和北路，南路从西安（长安）经咸阳、扶风、凤翔、陇县（陇州）、天水（秦州）、甘谷（伏羌）、陇西（渭州）、临洮（临州）、兰州（金城）、永登（广武）、古浪（昌松）、武威（凉州）、张掖（甘州）、酒泉（肃州）、安西（瓜州）至敦煌（沙州）。北路则从西安经咸阳、乾县、彬县（邠州）、泾川（泾州）、平凉至固原（原州）和靖远（会州），再转河西走廊去敦煌。南路虽比北路稍远，但路途平坦，行旅较多。北路的固原，地处六盘山、陇山之北，地势高平，七关辐辏，为通陇西、平凉、会州、灵州四方交会之处，是交通之枢纽，军事之重镇。唐代安史之乱后，吐蕃自青海北上，逐步占领秦、兰、原、会各州，公元781年占领沙州，控制了整个西北，长安通敦煌的南北两路皆阻隔不通，只能从西安北上邠州、庆阳（庆州）、环县（环州）至灵武（灵州），然后渡黄河沿贺兰山南至武威，灵州便成了通向河西、漠北的交通枢纽。青海道在丝绸之路沙漠路线有其特殊的作用。公元4世纪初，慕容鲜卑的一支——吐谷浑，从东北迁移至今甘肃、青海之间，都伏俟城，遗址在今青海湖西岸，墓地在伏俟城西南的都兰。公元7世纪中叶，吐蕃逐吐谷浑于凉州，伏俟城附近为吐蕃所占领。但是，有很多吐谷浑人并未离开其故地，仍在湟水和大通河流域聚屯自保，因此，都兰墓地在年代上虽已进入吐蕃占领时期，然而被埋葬的人有些仍可能是吐谷浑人。丝绸之路青海道是以伏俟城和都兰为枢纽的，有四条路线通过这里。第一条是从金城（兰州）经鄯州（乐都）、鄯城（西宁）过赤岭（日月山），沿青海湖南岸或北岸至伏俟城，西去小柴旦、大柴旦，北转当今口至敦煌；第二条是从伏俟城到都兰，经诺木洪至格尔木，转西北过茫崖镇至若羌；这两条路都是绕开河西走廊往西域去的。第三条是从伏俟城向东南，经贵德、同仁入四川松潘，南至益州（成都），再转东南沿长江而下至建康（南京）的路线，这是公元4～6世纪南朝通西域的主道，因中间要经过吐谷浑河南王的辖区，故又称"河南道"，当时许多高僧和商人从西域到中国南方便多经此路。第四条是从青海入西藏至尼泊尔、印度的路线，即唐道宣《释迦方志·遗迹篇》所记通印度三道中的东道，从鄯州、鄯城、承风戍（湟中拉脊山口）、青海湖、湖西南的吐谷浑衙帐（都兰），穿河源西侧，经七渡口过玉树去拉萨。

沙漠路线的西段（西域段），即自敦煌玉门关、阳关西入新疆境内的路线，按时代和地域大致可分为三路：塔克拉玛干沙漠以南为南路，沙漠以北、天山以南为中路，天山以北为北路。南路是从敦煌出玉门关或阳关至楼兰或米兰，西至若羌、且末、民丰、于阗、和阗、叶城、塔什库尔干，通过红其拉甫山口或罕瓦长廊至伊朗，也可以从叶城北去莎车至疏勒、喀什。汉代敦煌至米兰出玉门关，走库木塔格沙漠北缘，经羊塔格库都克至米兰，魏晋以后则出阳关，沿库木塔格沙漠南缘，经葫芦斯台、安南坝，循阿尔金山北麓，过红柳沟口至米兰。玄奘回国便走这条南路。公元13世纪马可·波罗也是从这条南路入河西的。我们现在所说的中路，在汉代则为北路，汉代南北两路自楼兰分歧。自楼兰沿孔雀河谷西北行，经轮台、库车（龟兹）、阿克苏、巴楚至喀什。汉代通西域主要为南路和中路的西段，即鄯善（楼兰）、于阗、焉耆、龟兹诸国。法显西行时自鄯善至焉耆，再自焉耆逾沙漠返回南路之于阗，兼走汉之南北两路。中路的东段和北段，汉则一直与匈奴、乌孙相争夺，西汉首先控制车师前庭（吐鲁番地区），则可由楼兰向北迤至车师。后更自玉门关向北迤逾沙漠而至车师（高昌），再西去焉耆，此即唐代所谓"大海道"，路虽捷便，但路况凶险。东汉以后，进而控制伊吾（哈密）地区，可自敦煌迤通伊吾，再向西往车师、焉耆。北路是自伊吾经蒲类海（巴里坤湖）、木垒、奇台、吉木萨尔（车师后庭、唐代之北庭都护府）、昌吉、精河，经弓月城而至碎叶（今吉尔吉斯斯坦伊赛克湖以西之托克玛克城）。北路有两个城最重要：一是东端的伊吾，它是连接草原丝路的接点，汉代以前东西方的诸种文化都在这里交汇；一是西端的弓月城，约在今伊犁河北伊宁附近，是交通之枢纽，南通安西都护府所在地龟兹，东通北庭都护府所在庭州（吉木萨尔）和西州（高昌，今吐鲁番），西通安西四镇最西一镇碎叶。弓月城的具体位置，王国维主张唐之弓月城即元代之阿力麻里城，黄文弼指阿力麻里城在霍城县西阿尔泰，城中有叙利亚文基督徒十字架墓碑和察合台汗国银币。公元13世纪蒙元时期，阿力麻里为察合台汗国首都，耶律楚材、丘处机、刘郁西使，皆自北路的别失八里（唐北庭，今吉木萨尔）至阿力麻里西行。公元14世纪罗马教皇使者马黎诺里也是自钦察汗国至察合台汗国之阿力麻里，东行走北路经哈密而至元上都。

二、草原路线。中国北部广阔的草原地带，自古以来便是游牧民族栖息牧猎之地。游牧民族移动频繁，逐水草而居，文化交流虽非其初衷，但客观上仍然起到传播的作用。东起大兴安岭，西至黑海，从公元前10世纪至公元前3世纪春秋战国时代，游牧民族便在这片横贯欧亚大陆的草原上活动，中国的丝绸早在此时已通过游牧民族从东方传向西方。公元前2世纪汉武帝时代，改变了通向西方的交通路线，迫使匈奴北退，打通河西走廊通道，把通向西方的道路从不固定的北方草原游牧路线南移至沙漠路线，但是北方的东西向草原路线并未消失。公元4世纪北朝时期，北方草原上的东西交通日益重要，迨至公元5世纪北魏时期，以平城（大同）为中心，西接伊吾，东至辽东（辽宁辽阳），逐渐形成了一条贯穿中国北方的东西国际交通路线，平城和龙城（营州，今朝阳）是这条路线上的两颗明珠。北魏迁洛以后，平城衰落，龙城改为营州，至唐而更盛，不但是军事重镇营州都督府，而且是东西南北交会之处，为杂胡贸易之中心。

草原丝路的第二个繁荣期在公元10世纪末至11世纪的辽代。契丹王室通过回鹘与大食结盟,契丹贵族墓葬中屡次发现伊斯兰玻璃器和萨珊或粟特的银器便可证明。耶律大石在辽亡后从回鹘奔大食建立西辽,这与他们之间有姻亲之缘有关。

中国北方的草原丝绸之路,从新疆的伊犁、吉木萨尔、哈密,经额济纳、河套、呼和浩特、大同(辽西京)、张北、赤城、宁城(辽中京)、赤峰、朝阳、义县、辽阳(辽东京),经朝鲜而至日本。这条路线是连接西亚、中亚与东北亚的国际路线。朝鲜和日本发现的公元4世纪以来的西方金银器和玻璃器,有一部分可能是通过这条横贯中国北方的草原丝绸之路输入的。公元13世纪以后蒙元时期,和林、上都成为当时的政治中心,北方草原丝绸之路向北移动。

三、西南丝路。这主要是对南亚的交通。据《史记·大宛列传》所记,张骞在大夏时已见邛竹杖和蜀布,其实中国西南与南亚的交往并不始于汉代。云南晋宁石寨山西汉墓和云南江川李家山22号墓均曾出土过蚀花肉红石髓珠(图一、二),它是在鸡血石上用化学的方法腐蚀出各种花纹的装饰品,公元前2000年即在中亚和南亚出现。江川李家山22号墓的年代约在公元前6世纪,比张骞在大夏见到邛竹杖和蜀布要早5个世纪。比张骞稍晚的晋宁石寨山西汉墓出土的列瓣铜盒也是中亚或西亚的产品。具体的路线根据文献推测,一条是"五尺道",一条是"旄牛道",都是从成都出发。"五尺道"从成都经宜宾、昭通、曲靖到昆明,转晋宁、江川,从开远到越南的老街与河内。"旄牛道"则从成都经西昌、大理、腾冲去缅甸的八莫。西南丝路最重要的考古发现,就是前面曾提到的青海境内的第四条路线——经青海去西藏的"吐蕃泥婆罗道",即《释迦方志》中所记的通印度三道中的东道,具体地说就是唐显庆四年(公元659年)五月王玄策第三次出使天竺(印度)时所走的路线,他从拉萨经吉隆(旧名"宗喀")去尼泊尔加德满都。1990年7月在吉隆县城北约4.5公里处的阿瓦英山嘴崖壁上,发现了王玄策等人所刻的《大唐天竺使出铭》摩崖碑刻(图三)。这条路线的发现

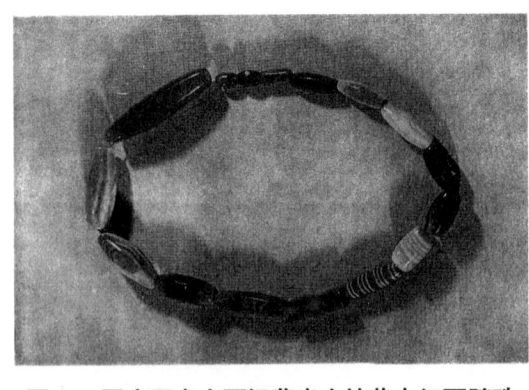

图一　晋宁石寨山西汉墓出土蚀花肉红石髓珠

图二　江川李家山22号墓出土蚀花肉红石髓珠

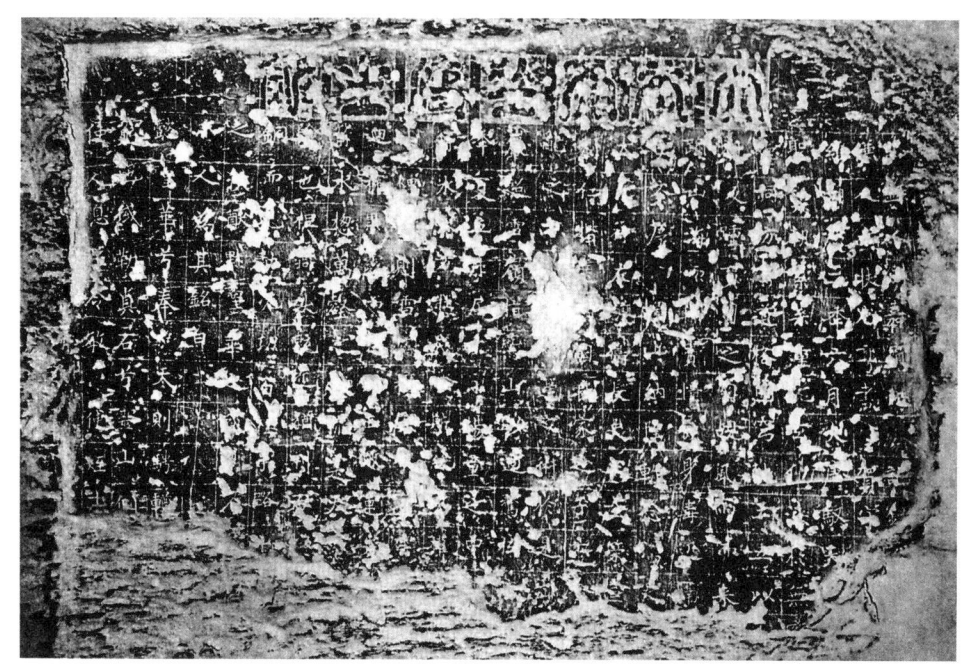

图三　《大唐天竺使出铭》拓片

说明丝绸之路青海道与吐蕃泥婆罗道在青海都兰相连接，成为沟通中亚西域和南亚的国际交通路线，这是近年丝绸之路考古学上最重要和最有价值的发现。

四、海上路线。海上丝绸之路与陆路不同，它是以对外港口为基点的。中国的海岸线很长，中国自古以来便有优秀的造船术和航海技术。自汉代以来，沿海的对外港口是广州（番禺）、合浦、泉州、福州、宁波（明州）、扬州（后来的上海），以及山东半岛的崂山（牢山）和蓬莱（登州）。中国古代的港口多半都以内陆江河的入海口附近为码头，有广阔丰厚的经济实力。外国输入的物产也是以港口为起点，向内陆疏散，沿主要的交通干线都有外国遗物的发现。由各港口输出的产品，也都集中待运，因此，各港口仓储遗址中也屡有发现，比如宁波和扬州发现的向世界各地出口的瓷器，与国外海上丝路所经的有关港口遗址中发现的中国瓷器，可以相互类比。近年沿海港口附近发现的沉船遗迹，亦备受关注，时有意想不到的新发现，它们也应属于海上丝绸之路的研究范畴。

丝绸之路是一项国际的、线路型的世界文化遗产，它所反映的是世界各国人民友好交往的历史。重温这段历史，对我们在全球化的过程中，正确认识世界不同文化如何融合共存，有着极重要的现实意义。

原载《文明》2007年1期。

考古学上所见中国境内的丝绸之路

中国境内的丝绸之路是长期以来在国内交通路线上形成的,外国商旅贡使经常沿某些路线往来,逐渐成为带有国际性的旅行路线,即后来所称之"丝绸之路"。中国境内的丝绸之路,由于受社会或自然环境因素之制约,随着时代而变迁。要确定丝绸之路所经之具体路线,除文献上有明确记载之外,考古学的发现也极其重要。在丝绸之路沿线发现了许多外国输入的遗物,诸如东罗马(拜占庭)和阿拉伯金币、波斯萨珊银币、东罗马和萨珊金银器、首饰,罗马、萨珊和伊斯兰的玻璃器,以及中亚织造的"波斯锦"等。特别是在文献上没有记载的情况下,这些考古发现在研究丝绸之路方面便有重要的意义。

考古学上所见的中国境内的丝绸之路,根据目前的发现,主要集中在三条路线上:一是两京(长安和洛阳)经河西走廊至西域路,这是丝绸之路的主干道,包括原、会北道和青海道;二是中国北部草原丝绸之路;三是东南沿海的海上丝绸之路(图一)。

一

自长安至西域的丝绸之路可分为两大段:自西安至敦煌、玉门关、阳关为东段,自敦煌、玉门关、阳关入新疆为西段。东段可称之为陇右、河西、青海段,西段可称之为西域段。

东段路线又分南路、北路和青海道。南路路线是:西安(长安)→咸阳→扶风→凤翔→陇县(陇州)→天水(秦州)→甘谷(伏羌)→陇西(渭州)→临洮(临州)→兰州(金城)→永登(广武)→古浪(昌松)→武威(凉州)→张掖(甘州)→酒泉(肃州)→安西(瓜州)→敦煌(沙州)。北路则从西安→咸阳→乾县→彬县(邠州)→泾川(泾州)→平凉→固原(原州)→靖远(会州),而至武威→张掖→酒泉→安西→敦煌。南路虽比

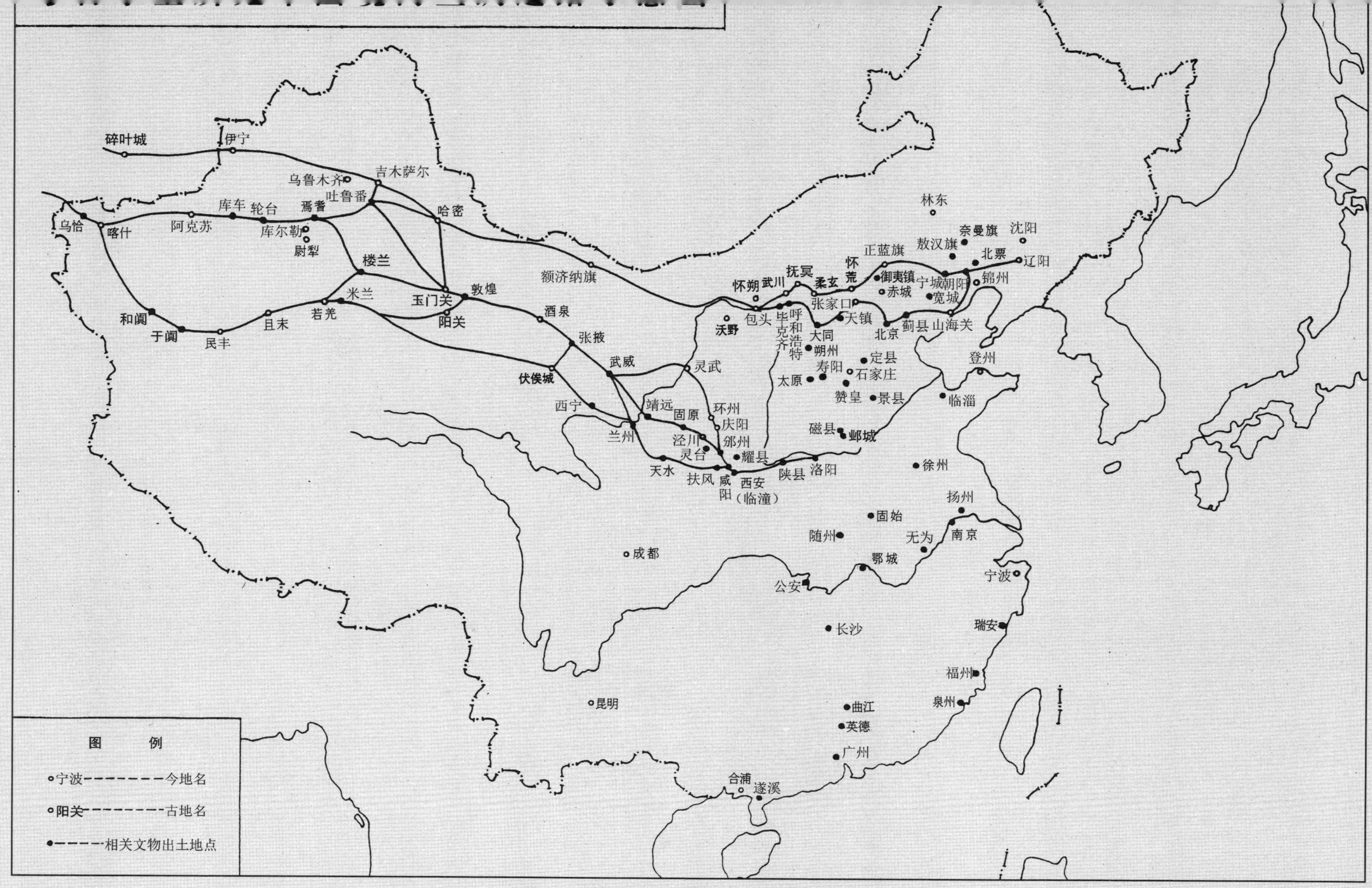

图一 考古学上所见中国境内的丝绸之路示意图

北路稍远,但路途平坦,行旅较多。另有青海道,从南路之兰州或北路之靖远返兰州,西经乐都(鄯州)、西宁(鄯城),北走大通,过大雪山扁都口(大斗拔谷)至张掖;或自西宁过日月山(赤岭),沿青海湖南岸至伏俟城(吐谷浑国都);或自西宁至海晏三角城(汉西海郡故城),沿青海湖北岸和柴达木盆地北缘至大柴旦,北上穿当金山口而至敦煌;或从伏俟城沿柴达木盆地南缘,经都兰、格尔木,西出阿尔金山(茫崖镇)至若羌。这三条路以南路为主,北路和青海道为辅。在这些路线上都有外国遗物的发现,现自西安开始,分别叙述其发现如下:

(一) 西安

西安为汉唐都城长安城所在,是丝绸之路的起点,乃当时世界上著名的大都市。

1. 西安汉长安城内发现的外国铭文铅饼

1956年在西安西查寨汉代长安城内发现,共13枚,盛于一汉代陶罐内,上盖一平素无纹的铅饼。铅饼直径5.4～5.6厘米,重约139.6克。铅饼凸面铸兽纹(蟠螭纹),凹面铸一周外国字铭文,并有两枚方形戳记。出土的地层为汉代或稍晚[1]。此类有外国铭文的铅饼和铜饼,早年曾有出土(图二)。据密兴黑芬(O.Maenchen-Helfen)[2]和夏鼐[3]的考订,这些铭文与安息货币上的铭文相似,为希腊化时代和罗马时代西亚使用的钱币上的希腊字母,希腊字母常常传写失真,这些铅饼上的字母,也可能因为铸范工匠不懂希腊文,因而失真。其年代约当东汉末年或稍晚。这是中国境内发现的早期葱岭以西的重要外国遗物[4]。

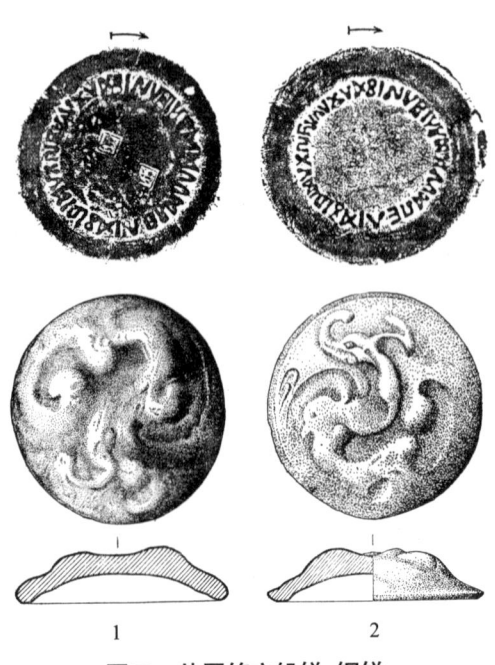

图二 外国铭文铅饼、铜饼
1. 铜饼(中国历史博物馆藏品)
2. 铅饼(西安汉城西查寨:02)

---

[1] 考古研究所资料室《西安汉城故址出土一批带铭文的铅饼》,《考古》1977年6期;安志敏《金版与金饼——楚汉金币及其有关问题》,《考古学报》1973年2期,页61。

[2] 密兴黑芬《一件中国铜器上安息钱铭文》,《大亚细亚》(Asia Major),新3卷1期,1952年,页1。

[3] 作铭(夏鼐)《外国字铭文的汉代(?)铜饼》,《考古》1961年5期,页272。

[4] 宿白《中国境内发现的中亚与西亚遗物》,《中国大百科全书·考古学卷》页677,中国大百科出版社,1986年。

2. 沣西张家坡北朝隋墓出土的波斯银币

1957年发现，出于410号墓中，1枚，直径2.7厘米，重3.4克（图三）。为卑路斯（Pirouz，公元457～483年）时期所铸。正面为卑路斯王侧面像，背面为祭坛和2个祭人，属卑路斯B式银币。此墓的年代约为公元6世纪[1]。

图三　沣西张家坡北朝隋墓出土波斯银币

3. 西安东郊隋清禅寺塔基出土的萨珊玻璃瓶

1986年发现。1件，高4.6厘米，绿色透明（图四）。球形瓶体上贴有4枚三角形和4枚圆形装饰[2]。此种贴花玻璃器多流行于地中海沿岸。清禅寺为隋文帝敕建，在隋大兴城内兴宁坊[3]。塔基埋藏于隋开皇九年（公元589年），同时埋入的还有用掐丝技术制作的金饰。

4. 隋李静训墓出土的金项链、金手镯、金银杯和波斯银币

1957年发现，在今西安潘家村[4]。李静训葬于隋大业四年（公元608年）。李氏为陇西望族，其曾祖李贤墓也在宁夏固原发现。李静训自幼为其外祖母隋文帝长女周宣帝皇后杨丽华所养，死时年仅九岁，故瘗于隋大兴城内休祥坊万善尼寺内。墓中出土的外国遗物有：（1）金项链1件，周长43厘米，由28个多面嵌有珍珠的金球组成，上端中央凹雕驯鹿的蓝色珠饰，左右各一金钩连接方形青金石和金球链，下端垂饰为珍珠边的鸡血石和蓝珠组成（图五，1）。熊存瑞认为此种金项链的多面金链珠及其焊珠工艺，蓝珠饰上的凹雕工艺，青金石装饰和环状珍珠边宝石垂饰等作法均起源于西方，而且与坦叉始罗和阿富汗地区关系

图四　西安隋清禅寺塔基出土萨珊玻璃瓶

---

[1]　夏鼐《中国最近发现的波斯萨珊朝银币》，《考古学报》1957年2期，页60，收入《考古学论文集》页127，科学出版社，1961年。
[2]　郑洪春《西安东郊隋舍利墓清理简报》，《考古与文物》1988年1期，页61。
[3]　徐松《唐两京城坊考》卷三"兴宁坊"条，中华书局点校本，页82，1985年。
[4]　中国社会科学院考古研究所《唐长安城郊隋唐墓》，文物出版社，1980年。

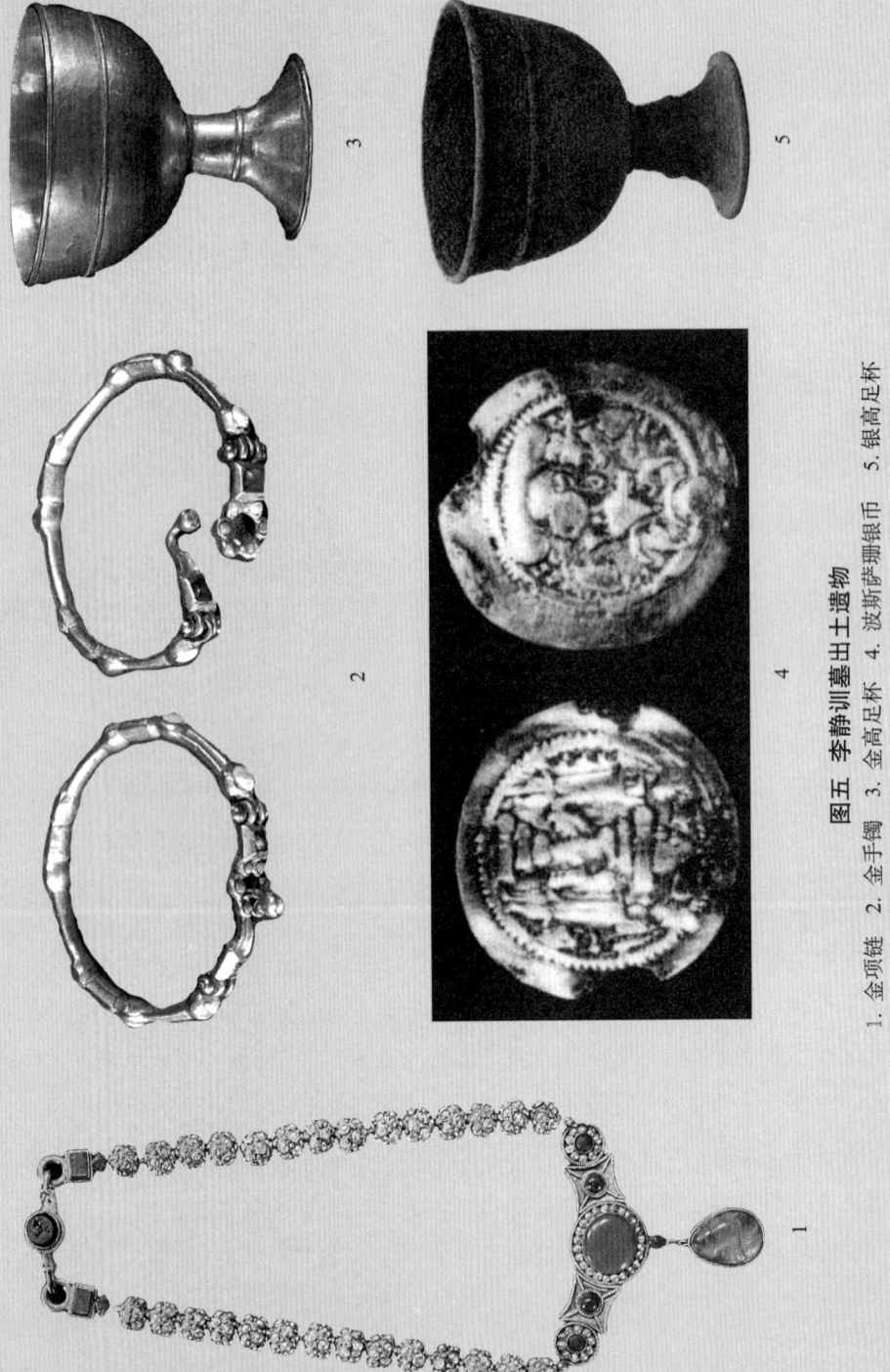

图五 李静训墓出土遗物
1. 金项链 2. 金手镯 3. 金高足杯 4. 波斯萨珊银币 5. 银高足杯

较密切,可能原产于巴基斯坦或阿富汗地区。(2) 金手镯2件,椭圆形,长径约7厘米,短径约5.5厘米。分四节,各以方形嵌青绿色玻璃珠的小节相连;开口处有一副纽饰,一端为花瓣形扣环,上嵌小珠六颗,另一端为活轴(图五,2)。熊存瑞认为同类手镯见于公元5世纪阿旃陀1号窟壁画中,其形制可能原出于北印度[1]。(3) 金银高足杯各1件。金杯高5.7厘米,腹部焊贴圆环,呈凸弦纹一周(图五,3)。银杯高6厘米,腹部亦有凸弦纹一周(图五,5)。此类杯之形态显系西方产物。(4) 波斯萨珊银币1枚,直径2.6厘米,重3.7克,为卑路斯时期所铸(图五,4)。

5. 西安唐墓出土的仿制东罗马金币

一件出土于西安东郊唐陈感意墓中,1989年7月发现。直径约2厘米,薄如纸,重仅0.8克,正背两面图案相同,系自一面压印而成,为东罗马阿那斯塔修斯一世(Anastasius Ⅰ,公元491～518年)金币的仿制品(图六)。陈感意卒于贞观十四年(公元640年)[2]。另一件出土于西安西郊曹家堡唐墓中,直径2厘米,重0.97克[3],也是仿制东罗马金币的(图七)。此墓时代约在公元7世纪中叶。

图六 西安陈感意墓出土仿制东罗马金币　　**图七 西安曹家堡唐墓出土仿制东罗马金币**

6. 西安土门村唐墓出土的拜占庭金币

1956年出土。直径2.15厘米,重4.1克。为阿拉伯仿制拜占庭希拉克略(Heraclius,公元610～641年)金币(图八)。大约自公元635年开始仿造,至公元696～697年阿拉伯币制改革,废除币上铸人像,专用阿拉伯文。故此枚阿拉伯仿制品为公元7世纪的[4]。

---

[1] 熊存瑞《隋李静训墓出土金项链、金手镯的产地问题》,《文物》1987年10期,页77。
[2] 张全民、王自力《西安东郊清理的两座唐墓》,《考古与文物》1992年5期,页51。
[3] 张海云等《西安市西郊曹家堡唐墓清理简报》,《考古与文物》1986年2期,页22。
[4] 夏鼐《西安土门村唐墓出土的拜占廷式金币》,《考古》1961年8期,页446。

图八　西安土门村唐墓出土拜占庭金币

1. 正面照片　2. 背面照片　3. 正面拓片　4. 背面拓片

7. 西安西窑头村唐墓出土的阿拉伯金币

1964年4月发现[1]。共3枚，直径1.9～2厘米，重4.2～4.3克。正背皆铸苦法体阿拉伯文可兰经句（图九）。一枚（六四·190）标伊斯兰教历83年，即公元702年（唐武后长安二年），铸于阿布达·马立克（Abdal-Malik）在位时期；一枚（六四·188）标伊斯兰教历100年，即公元718～719年（唐开元六至七年）；一枚（六四·189）标伊斯兰教历129年，即公元746～747年（唐天宝五至六年），铸于奥梅雅王朝（白衣大食）最后的伊斯兰教主马尔凡第二时期。这些都是阿拉伯币制改革后的铸币，是中国所见最早的伊斯兰钱币[2]。

8. 西安7区30号唐墓出土的波斯萨珊朝银币

1955年11月出土，共2枚（图一〇）。库思老二世（Chosroes Ⅱ，公元590～628年）1枚，直径3.25厘米，重4.1克。仿制库思老二世1枚，直径3.7厘米，重4.6克，无铭文，时代难以确定，估计最早不超过公元7世纪前半期[3]。

---

[1] 陕西省文物管理委员会《西安市西窑头村唐墓清理记》，《考古》1965年8期，页383。
[2] 夏鼐《西安唐墓出土的阿拉伯金币》，《考古》1965年8期，页420。
[3] 夏鼐《中国最近发现的波斯萨珊朝银币》，《考古学报》1957年2期，页60，收入《考古学论文集》页127。

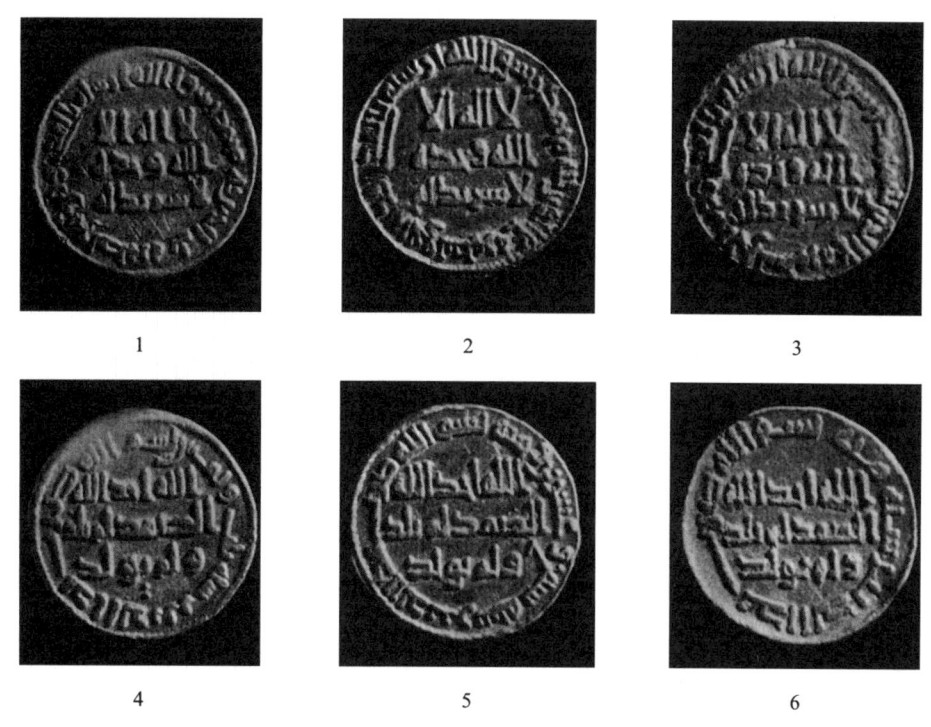

·考古学上所见中国境内的丝绸之路·

图九　西安西窑头村唐墓出土阿拉伯金币

1. 阿拉伯金币（六四·190）正面　2. 阿拉伯金币（六四·189）正面　3. 阿拉伯金币（六四·188）正面
4. 阿拉伯金币（六四·190）背面　5. 阿拉伯金币（六四·189）背面　6. 阿拉伯金币（六四·188）背面

图一〇　西安7区30号唐墓出土波斯萨珊银币

1. 库思老二世银币　2. 仿制品（背面）

9. 长安国清寺舍利塔发现的波斯萨珊朝银币

1965年12月发现，共7枚，均在此塔第三层放置僧人骨灰处。库思老二世（公元624～628年所造）4枚，直径3.3厘米，重4～4.1克（图一一，1～4）；布伦女王（Boran，公元630～631年）1枚，直径3.2厘米，重4.1克（图一一，5）；库思老二世（公元614～616年所造）2枚，残径3.2厘米，重2.7～3.6克（图一一，6、7）。这些银币是

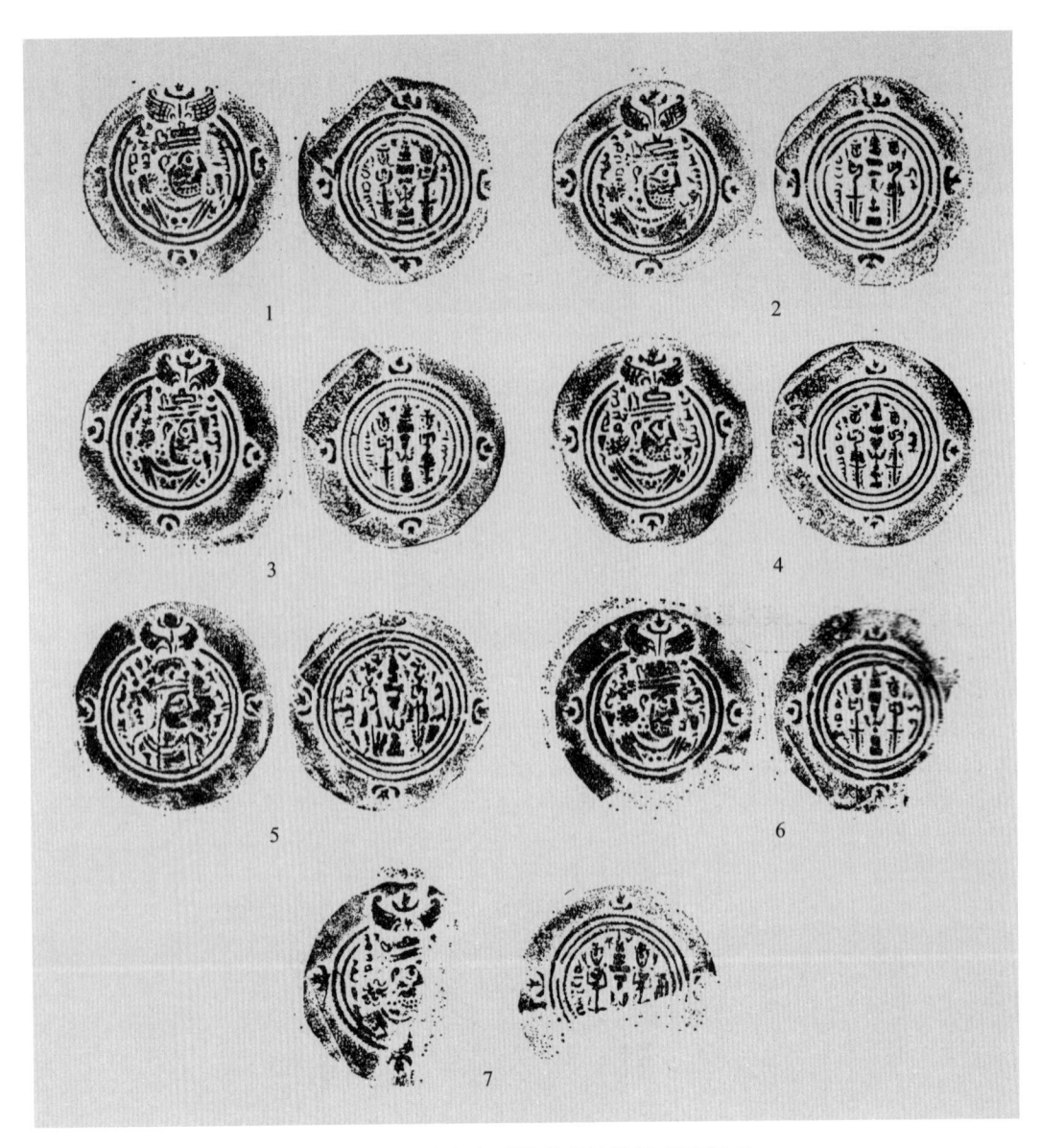

图一一 国清寺舍利塔发现的波斯萨珊银币

1. 长221，库思老二世银币 2. 长222，库思老二世银币 3. 长223，库思老二世银币 4. 长224，库思老二世银币
5. 长225，布伦女王银币 6. 长226，库思老二世银币 7. 长227，库思老二世银币

在唐天宝年间（公元8世纪中叶）以前瘗入塔内的[1]。

10. 西安何家村唐代窖藏出土的波斯萨珊银币、东罗马金币和萨珊玻璃杯

1970年10月发现[2]。此窖藏位于唐长安城兴化坊内，埋藏的外国遗物有：

---

[1] 朱捷元、秦波《陕西长安和耀县发现的波斯萨珊朝银币》，夏鼐附记，《考古》1974年2期，页126。
[2] 陕西省博物馆、文管会《西安南郊何家村发现唐代窖藏文物》，《文物》1972年1期，页30。

（1）波斯萨珊朝银币1枚，为库思老二世所造（图一二，1）。（2）东罗马金币1枚，为希拉克略所造（图一二，2）。（3）萨珊凸圈纹玻璃杯1件，高9.8、口径14.1厘米。无色透明，稍泛黄绿色。侈口，平底，口沿下凸出弦纹一道，腹部有八组三排环纹（图一三）。这件萨珊玻璃杯的年代可早至公元7世纪初[1]。同窖所出的还有270余件精美的金银器和1枚日本"和同开珎"钱等，埋藏的年代，有人认为是天宝十四年（公元755年）安史之乱时，也有人认为应在唐德宗（公元780年）以后[2]。

图一二　西安何家村唐代窖藏出土钱币

1. 萨珊银币　2. 东罗马金币

图一三　西安何家村唐代窖藏出土萨珊玻璃杯

---

[1] 安家瑶《中国的早期玻璃器皿》，《考古学报》1984年4期，页413。
[2] 段鹏琦《西安南郊何家村唐代金银器小议》，《考古》1980年6期，页536。

11. 西安何家村出土的东罗马金币

1966年发现[1]。1枚,为阿那斯塔修斯一世所铸(图一四)。此地为唐长安城内兴化坊。

12. 西安飞机场东南部出土的东罗马金币

1979年发现[2]。1枚,为阿那斯塔修斯一世所铸(图一五)。此地为唐长安城内西市。

13. 西安附近出土的东罗马金币

1979年收集[3]。1枚,为阿那斯塔修斯一世所铸(图一六)。

14. 西安东郊出土的东罗马金币

1980年发现。1枚,直径1.7厘米,重2.4克。为狄奥多西斯一世或二世(Theodosius Ⅰ,Ⅱ,公元379～395年,公元408～450年)所铸[4](图一七)。

图一四 西安何家村出土东罗马金币　　图一五 西安飞机厂出土东罗马金币

图一六 西安附近出土东罗马金币　　图一七 西安东郊出土东罗马金币

---

[1] 王长启、高曼《西安新发现的东罗马金币》,《文博》1991年1期,页38。文中所记东罗马金币3枚,均未记币径和重量。

[2] 王长启、高曼《西安新发现的东罗马金币》,《文博》1991年1期,页38。

[3] 王长启、高曼《西安新发现的东罗马金币》,《文博》1991年1期,页38。

[4] 中国文物交流中心《中国の金・銀・ガラス展——正倉院の故郷》图版29,日本NHK大阪放送局,1992年。

15. 西安土门村唐苏谅妻马氏婆罗钵文墓志

1955年发现[1]。志石略呈方形，39.5×35.5厘米（图一八），上半部刻婆罗钵文（Pahlavi，或译巴列维文）[2]，是一种用阿拉美（Aramaic）字母拼写的中古波斯语。志文六行，汉译为："此乃已故王族出身苏谅[家族]之左神策骑兵之长的女儿马昔师（Māsiš），于已故伊嗣俟（Yazdkort）二四〇年，及唐朝之二六〇年，常胜君王崇高之咸通十五年，[波斯阳历]十二月五日建卯之月于廿六[岁]死去。[愿]其[住]地与阿拉胡·马兹达及天使们同在极美好的天堂里。祝福。"[3]下半部为汉文，自左向右写七行："左神策军散兵马使苏谅妻马氏己巳生年廿六于咸通十五年甲午[岁]二月辛卯建廿八日丁巳申时身亡故记。"苏谅及妻马氏均为波斯人，信奉祆教。墓志的发现地点，近唐长安城内普宁坊，此坊内之西北隅正有祆祠[4]。公元651年（唐永徽二年）大食灭波斯后，许多波斯的祆教徒移居中国。苏谅任职的唐朝神策军，在唐德宗贞元三年（公元787年）曾大量吸收西域人为散兵马使或押牙，苏谅的先人正是此时入神策军的[5]。这块墓志的发现，一方面说明中国与伊朗在公元七八世纪时的友好关系，也为研究波斯婆罗钵文提供了极其珍贵的资料。

图一八　西安土门村唐苏谅妻马氏墓志

16. 西安沙坡村发现的粟特文大角鹿纹银碗

1963年春发现。沙坡村地当唐长安城外郭城东垣春明门附近。碗高4、口径14.7厘米。侈口，腹部斜收作十二花瓣，矮圈足，内底中央捶揲出一只大角鹿纹（图一九）。口沿下有粟特文铭[6]。此碗约是公元7世纪输入的中亚产品。与其同出的还有其他唐代银器15件。

---

[1] 陕西省文物管理委员会《西安发现晚唐祆教徒的汉、婆罗钵文合璧墓志——唐苏谅妻马氏墓志》，《考古》1964年9期，页458。
[2] 伊藤义教《西安出土汉、婆合璧墓志婆文语言学的试释》，《考古学报》1964年2期，页195。
[3] 刘迎胜《唐苏谅妻马氏汉、巴列维文墓志再研究》，《考古学报》1990年3期，页295。
[4] 韦述《两京新记》卷三"普宁坊"条记"西北隅，祆祠"。参辛德勇辑校《两京新记辑校·大业杂记辑校》页56，三秦出版社，2006年。
[5] 作铭（夏鼐）《唐苏谅妻马氏墓志跋》，《考古》1964年9期，页458。
[6] 陆九皋、韩伟《唐代金银器》图11、12，文物出版社，1985年。

图一九　西安沙坡村出土大角鹿纹银碗

（二）陕西耀县隋神德寺塔基出土的波斯银币

1969年4月发现。神德寺塔基埋藏于隋仁寿四年（公元604年）。共出波斯银币3枚（图二〇），1枚为库思老一世（Chosroes Ⅰ，公元531～579年）所铸，直径3.2厘米，重4克；1枚为卑路斯B型银币，直径2.75厘米，重3.8克；1枚为卡瓦德一世（Kavadh Ⅰ，488～531年）所铸，直径2.9厘米，重4.2克[1]。

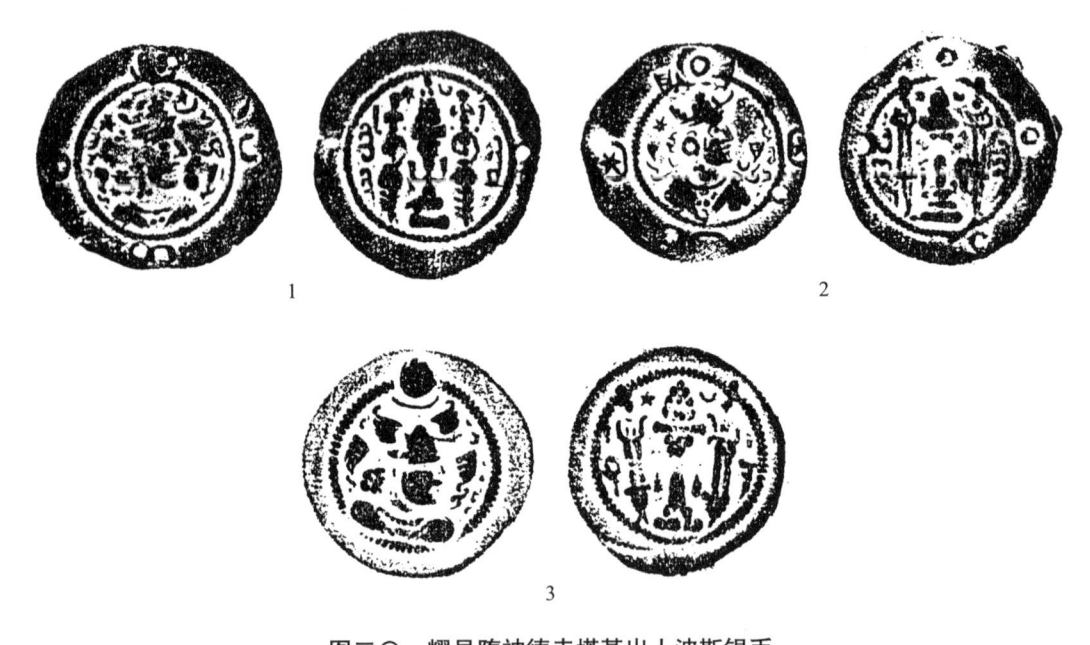

图二〇　耀县隋神德寺塔基出土波斯银币
1.库思老一世银币　2.卡瓦德一世银币　3.卑路斯B型银币

---

[1] 朱捷元、秦波《陕西长安和耀县发现的波斯萨珊朝银币》，夏鼐附记，《考古》1974年2期，页126。

图二一　临潼唐庆山寺舍利塔基出土小玻璃瓶和人面铜壶

1. 小玻璃瓶　2. 人面铜壶

（三）陕西临潼唐庆山寺舍利塔基出土的玻璃瓶和人面铜壶

1985年5月发现。唐庆山寺塔基埋藏于开元二十九年（公元741年）。出土遗物77件，其中小玻璃瓶和人面铜壶是西方输入品。小玻璃瓶高7厘米，白色，表面变黑，肩部有凸弦纹一周，腹部缠贴网目纹装饰（图二一，1）。人面铜壶高29.5厘米，长颈，圈足，口缘与腹部间有弯起的执柄；颈上有两道弦纹，腹部弦纹下凸起六个人面，浓眉隆鼻，长鬓双分，面与面之间垂一条发辫（图二一，2）。出土时圈足脱离，从壶底屡经修补的痕迹看，此壶已使用了很长时间。以人面为主要装饰的金、铜器皿，还有俄国艾尔米塔什博物馆藏的一件公元6至7世纪的萨珊人面狩猎纹银罐[1]。庆山寺塔基所出人面铜壶可能是中亚产品。

（四）陕西咸阳底张湾隋墓出土的东罗马金币

1953年出土于隋独孤罗墓，1枚，直径2.1厘米，重4.4克，为东罗马查斯丁二世（Justin Ⅱ，公元565～578年）所铸（图二二）。独孤罗葬于隋开皇二十年（公元600年），他在开皇十三年（公元593年）任"使持节总管凉甘瓜三州诸军事、凉州刺史"，

---

[1] 临潼县博物馆《临潼唐庆山寺舍利塔基精室清理记》，《文博》1985年5期，页12。萨珊人面狩猎纹银罐见卡米拉·瓦西里耶夫娜·特列尔和符拉基米尔·戈里高里耶维奇·鲁阔宁所著《萨珊银器（国立艾尔米塔什的收藏）》（莫斯科艺术出版社，1987年）一书页115，图84～87之第28件，承尚刚先生译告。

图二二　咸阳底张湾隋独孤罗墓出土东罗马金币

图二三　咸阳底张湾隋贺若氏墓出土东罗马金币

是与丝绸之路有密切关系的人物。其妻贺若氏卒于唐武德四年（公元621年），其墓于1988年发掘，亦出东罗马查斯丁二世金币1枚，直径2厘米，重4.1克[1]（图二三）。

（五）陕西扶风发现的外国铭文铅饼和伊斯兰玻璃器

1. 1972年扶风姜塬汉代遗址中发现外国铭文铅饼

2枚，直径5.3厘米，重120～127克。凸面铸兽纹，凹面的一周为外国铭文和戳记，与西安汉城发现的相同[2]（图二四）。

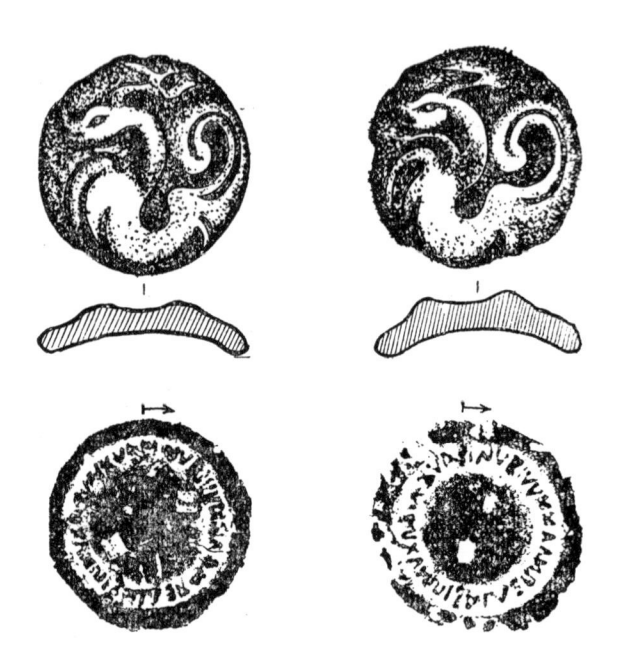

图二四　扶风姜塬汉代遗址出土外国铭文铅饼

---

[1] 夏鼐《咸阳底张湾隋墓出土的东罗马金币》，《考古学报》1959年3期，收入《考古学论文集》页135。贺若氏墓见负安志《陕西长安县南里王村与咸阳飞机场出土大量隋唐珍贵文物》，《考古与文物》1993年6期，页45。

[2] 罗西章《扶风姜塬发现汉代外国铭文铅饼》，《考古》1976年4期，页275。

2. 扶风法门寺唐代塔基出土的伊斯兰玻璃器

1987年4月至5月发掘。塔基埋瘞于唐咸通十五年（公元874年），共出土玻璃器21件[1]，其中淡黄色茶托和茶碗是中国制造的玻璃器，有一件蓝玻璃杯已破碎，未计在内，剩余的18件均为外国玻璃器，绝大部分可以肯定是伊斯兰玻璃器，只有一件贴花盘口玻璃瓶具有罗马玻璃风格。

（1）贴花盘口玻璃瓶1件：高21、腹径16厘米。黄色透明。盘口，细颈，鼓腹，圈足，底部有铁棒疤痕（图二五）。肩部贴缠一周黄色透明玻璃丝，腹部贴四排装饰，第一排贴八个深蓝色圆形饰，第二排贴六个不规则五角星饰，第三排贴六个莲芯样圆形饰，第四排贴六个深蓝色水滴形装饰。贴花拉丝工艺在罗马玻璃中已盛行，伊斯兰玻璃继承和发展了这项工艺。韩伟认为它是公元5世纪的罗马玻璃，安家瑶则认为它是公元8至9世纪的地中海产品[2]。

图二五　扶风法门寺唐代塔基出土贴花盘口玻璃瓶

（2）刻纹蓝玻璃盘6件：高2～3.2、口径15～20厘米。深蓝色透明。平底，内底稍上凸，有圆唇者和平唇者，底部有铁棒疤痕。盘内底上有不同的刻纹，有八瓣团花的，有四瓣团花的，有十字团花的，有叶纹的，还有两件是描金的（图二六，1），极为富丽。刻花是伊斯兰早期玻璃的特色，描金者尤其罕见，可能是伊朗内沙布尔的产品[3]。如此完整精美的、有年代下限的早期伊斯兰刻纹玻璃器的发现，实属空前。

（3）釉彩玻璃盘1件：高2.7、口径14厘米。无色透明，稍泛黄绿色。敞口，圆唇，直壁，平底，底微凸起，有铁棒疤痕（图二六，2）。盘内壁涂不透明黄色釉为底，口沿处绘有十一个黑色半圆弧，腹壁下绘两周黑色弦纹，底部绘黑色石榴纹。伊斯兰的釉彩玻璃有公元13至14世纪中叶的传世之作，但早至公元9世纪的釉彩玻璃却是罕见的珍品，它仍可能是内沙布尔的产品[4]。

---

[1] 陕西省法门寺考古队《扶风法门寺塔唐代地宫发掘简报》，《文物》1988年10期，页1；《扶风法门寺唐代地宫发掘简报》，《考古与文物》1988年2期，页94；《法门寺地宫珍宝》，陕西人民美术出版社，1989年；韩伟《法门寺地宫伊斯兰琉璃初探》，联合国教科文组织丝绸之路沙漠路线考察乌鲁木齐国际学术讨论会论文，1990年。

[2] 安家瑶《试探中国近年出土的伊斯兰早期玻璃器》，《考古》1990年12期，页1116。

[3] 安家瑶《试探中国近年出土的伊斯兰早期玻璃器》，《考古》1990年12期，页1116。

[4] 安家瑶《试探中国近年出土的伊斯兰早期玻璃器》，《考古》1990年12期，页1116。

图二六　扶风法门寺唐代塔基出土玻璃盘

1. 刻纹蓝玻璃盘　2. 釉彩玻璃盘

（4）印纹直筒杯：高8.5、口径7.8厘米。无色透明。直口，尖唇，深腹，平底，底微上凹，有粘棒疤痕（图二七）。腹部饰菱纹、双环纹和联珠纹。为伊斯兰玻璃器中之常见品。

（5）素面蓝玻璃盘4件：圈足浅蓝色素面玻璃盘（图二八，1）2件，高2.2～2.7、口径15～18.5厘米。不带圈足者（图二八，2）2件，高2.1、口径16厘米，深蓝色透明。

（6）弦纹蓝玻璃盘（图二八，3）2件：高2.2、口径16厘米。

（7）素面浅黄色直筒杯（图二八，4）2件：高4.2～4.8、口径9～9.3厘米。

图二七　扶风法门寺唐代塔基出土印纹直筒玻璃杯

法门寺唐代塔基中的藏品，出自皇家所供，是当时最高级的物品，大量的金银器、秘色瓷器和玻璃器，都说明了这个问题。仅就玻璃器而言，不但两件淡黄色的中国玻璃茶具是目前所见质量最好的国产玻璃，18件伊斯兰早期玻璃器更是举世罕见的精品，有些是世间孤品，历史、艺术价值极高。在丝绸之路的起点西安（长安）附近发现这么多的伊斯兰玻璃器，究竟是从哪条路线上输入的呢？这是我们所关心的问题。宿白认为有两种可能，一是从陆路经河西到长安，另外也可能自海路运来，则是沿海地区向唐廷的贡品[1]。我认为更有可能是从陆路来的。唐大中二年（公元848年）沙

---

[1]　宿白《法门寺塔地宫出土文物反映的一些问题》，《文物》1988年10期，页29。

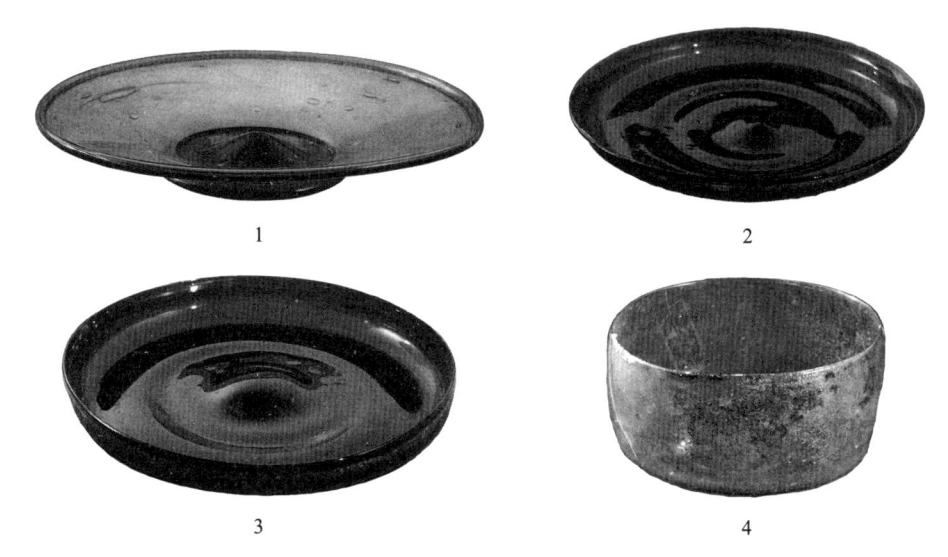

图二八　扶风法门寺唐代塔基出土玻璃盘和玻璃杯

1. 素面圈足蓝玻璃盘　2. 素面蓝玻璃盘　3. 弦纹蓝玻璃盘　4. 素面浅黄色直筒玻璃杯

州张议潮起事,至咸通四年(公元863年)收复陇右河西诸地,打通了长安经河西至西域的交通。这批伊斯兰早期玻璃器正是在此时输入的,咸通十五年(公元874年)舍入地宫,年代正相吻合。如果再把中国北方草原丝绸之路上所发现的公元11世纪的伊斯兰玻璃器的情况(详本文第四部分)加以对照时,我便更倾向于法门寺唐代塔基出土的伊斯兰玻璃器,是公元9世纪中叶重开河西走廊以后从陆路上输入的。

(六) 甘肃天水发现的东罗马金币和波斯萨珊银币

1. 天水出土东罗马金币

1枚,直径2.1厘米,重4.5克。正面为福卡斯(Focas,公元602～610年)头像,铭文为"PNOCASPERRAVG";背面为胜利女神像,铸地为CONOB(君士坦丁堡)(图二九)。上下各有一孔[1]。

2. 1983年刘大有在天水收集波斯萨珊朝银币

1枚,直径2.9厘米,重5克,为卑路斯时期所铸[2](图三〇)。

---

[1] 刘大有《甘肃天水新发现一枚东罗马福卡斯金币》,见其所著《丝路骑车访古觅币录》页40～46,自印本。

[2] 刘大有《天水发现的波斯萨珊朝银币》,见其所著《古泉物文》页56～58,甘肃省天水市钱币学会,1989年。

图二九　天水出土东罗马金币　　　　图三〇　刘大有收集波斯萨珊银币

（七）甘肃武威康阿达墓出土金币

夏鼐云："1945年在河西走廊做考古调查时，曾到武威出土过康国人康阿达墓志的地点调查。据该地的居民说，这墓除志石之外，还曾出土过一枚金币。发现人拿它到银行兑换了现钞，后来大概是被熔化了，无法追迹。没有看原物，不知是属于哪一国的金币？总之，当时西域许多'商胡'，前来河西诸郡交市，西域金银币也流入了该地；北周时甚至于被采用作为该地区的通用货币。"[1]

（八）甘肃张掖出土波斯萨珊银币

近年在张掖大佛寺院内出土波斯萨珊银币3枚，铸年不详（图三一）。

（九）甘肃灵台发现的外国铭文铅饼

1976年10月在灵台县城南蒲河西岸的台地上发现，距地表1米处，四周围青

图三一　张掖大佛寺出土波斯萨珊银币
1. 正面　2. 反面

石块，中央置两块对合的筒瓦，筒瓦内分四行上下两层排放274枚外国铭文铅饼，这是特意埋藏的。铅饼直径5.5厘米，重110～118克，凸面铸兽纹，凹面四周铸外国铭文，中间有两个5厘米见方的戳记[2]（图三二）。与西安汉城和扶风姜嫄发现的完全相同。铅饼出土地正当泾川、灵台南至凤翔、陇县的交通线上，为丝绸之路南北两路之间的要冲。

---

[1] 夏鼐《咸阳底张湾隋墓出土的东罗马金币》，《考古学报》1959年3期，收入《考古学论文集》页135。

[2] 灵台县博物馆《甘肃灵台发现外国铭文铅饼》，《考古》1977年6期，页427。

图三二　甘肃灵台出土外国铭文铅饼

（十）宁夏固原

1. 固原北魏墓出土的波斯萨珊银币

1973年10月发现。直径2.7厘米，重3.5克，为卑路斯B式银币[1]（图三三）。与西安沣西张家坡出土的卑路斯银币为同一式。此墓中之木棺漆画极精，有许多西方风格的图案，是北魏后期（公元6世纪初）所绘。

2. 固原北周李贤墓出土的萨珊鎏金银壶、玻璃碗和青金石戒指

1983年9月发现[2]。李贤源出拓跋氏，为北周使持节柱国大将军大都督原、泾、秦、河、渭、夏、陇、成、幽、灵十州诸军事，原州刺史，是西魏、北周间的显赫人物[3]。葬于北周天和四年（公元569年）。墓中随葬的外国遗物有：（1）鎏金银壶1件，高37.5厘米（图三四）。长颈有

图三三　固原北魏墓出土波斯萨珊银币

---

[1]　固原县文物工作站《宁夏固原北魏墓清理简报》，《文物》1984年6期，页46。
[2]　宁夏回族自治区博物馆、宁夏固原博物馆《宁夏固原北周李贤夫妇墓发掘简报》，《文物》1985年11期，页1。
[3]　宿白《宁夏固原北周李贤墓札记》，《宁夏文物》总第3期（1989年），页1。

图三四　固原北周李贤墓出土鎏金银壶

流,腹上细下圆,高圈足。颈腹间和高圈足上下皆有联珠纹为饰。把手两端皆有兽头铸接壶腹,把上端铸一深目高鼻的胡人头像。腹部捶揲出六个男女相对的三组人像,表现的是帕里斯(Paris)的审判、掠夺海伦(Hellen)和回归的场面[1]。齐东方认为是萨珊银器[2]。吴焯认为是嚈哒占领时期波斯工匠或客居此地的罗马艺人所造[3]。(2)玻璃碗1件,高8、口径9.5厘米(图三五,1)。碧绿色。碗外壁饰凸起的凹面圆饼两排,上八下六,相间错列。底部也是由一个凹面圆饼垫成。此碗是萨珊钠钙玻璃[4]。(3)青金石戒指1枚(图三五,2),直径2.4厘米,戒面镶一直径0.8厘米的蓝色青金石,石上凹雕一人举双手各持一物。青金石原产阿富汗,与前述西安隋李静训墓发现的金项链上的青金石装饰,皆为中亚之产品。

图三五　固原北周李贤墓出土玻璃碗和青金石戒指
1. 玻璃碗　2. 青金石戒指

---

[1] B.I. マルミヤク・穴光《北周李贤夫妻墓とその銀製水瓶について》,《古代文化》41卷4号,平成元年(1989年)。
[2] 齐东方《中国古代金银器皿与波斯萨珊王朝》,《伊朗学在中国学术讨论会论文集》页51,北京大学出版社,1993年。
[3] 吴焯《北周李贤墓出土鎏金银壶考》,《文物》1987年5期,页66。
[4] 安家瑶《北周李贤墓出土的玻璃碗——萨珊玻璃器的发现与研究》,《考古》1986年2期,页173。

3. 固原隋史射勿墓出土的波斯萨珊银币和金戒指

1987年7月发现。(1) 波斯萨珊银币1枚，直径2.7厘米，重3.3克(图三六，1)。币面模糊，为卑路斯时期所铸。(2) 金戒指1枚(图三六，2)，直径2.9厘米，重3.02克，戒面径1.9厘米，原有镶嵌物，今已缺失，其形制与李贤墓中之镶青金石戒指相同。另有鎏金桃形饰，外周焊饰联珠纹，内嵌宝石、贝壳和绿色玻璃等，亦是西方产物。史射勿葬于大业六年(公元610年)[1]。

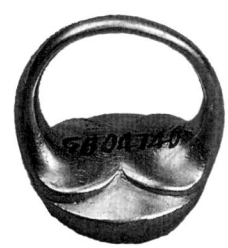

图三六　固原隋史射勿墓出土波斯萨珊银币和金戒指
1. 波斯萨珊银币　2. 金戒指

4. 固原唐史道德墓出土的东罗马金币

1982年11月发现。直径2厘米，重4克[2]。币面模糊，上部中央有一小孔，正面为戴盔头像，背面为女神像(图三七)，与咸阳底张湾隋独孤罗墓所出之东罗马查士丁二世(Justin Ⅱ，公元565～578年)金币相似[3]。还有一圆形金饰，直径3厘米，中央为一怪兽，花纹图案，显系西方所制作。史道德葬于唐仪凤三年(公元678年)。

图三七　固原唐史道德墓出土东罗马金币

固原地处六盘山、陇山之北，地势高平，七关辐凑[4]，为通陇西、平凉、会州、灵州四方交会之处，是交通之枢纽，军事之重镇。李氏与史氏皆当地之大族，史氏即昭武九姓中之史国人，故墓中发现诸多外国之遗物；亦是丝绸之路长安至河西间北路交通发达之表现。

---

[1] 宁夏文物考古研究所、宁夏固原博物馆《宁夏固原隋史射勿墓发掘简报》，《文物》1992年10期，页15。
[2] 宁夏固原博物馆《宁夏固原唐史道德墓清理简报》，《文物》1985年11期，页21。
[3] 宿白《宁夏固原北周李贤墓札记》，《宁夏文物》总第3期(1989年)，页9。
[4] 《旧唐书》卷十八下《宣宗本纪》："(大中)三年春正月丙寅，泾原节度使康季荣奏：吐蕃宰相论恐热以秦、原、安乐三州及石门等七关之兵民归国"。六月"康季荣奏：收复原州石门、驿藏、木峡、制胜、六盘、石峡等六关讫。邠宁张君绪奏：今月十三日收复萧关"。七关中之萧关，汉代关址在原州城东南三十里，唐代萧关在原州城北一百八十里，为北通灵州之孔道。汉唐萧关相距二百余里。

（十一）甘肃靖远出土的东罗马鎏金银盘

1988年发现。高4.4、口径31厘米，卷唇，圈足，圈足内有錾出之虚点铭文一行(图三八)。盘内中心(直径9.5厘米)是一青年男子倚坐一雄狮背上，外绕一周联珠纹。内层花纹一周(宽2厘米)，分为十二等份，每等份内左侧一动物，右侧一神头像，动物以鸟禽为多，也有犬，神像有男有女，神态各异；外绕一周联珠纹与花叶纹。外层较宽(8.6厘米)，为十六组葡萄卷叶纹图案，叶下隐蔽处有飞禽、爬虫等动物。全盘花纹密布，极其繁丽。初师宾认为盘中心为阿波罗或酒神巴卡斯，内层十二神像为宙斯十二神，是公元4至6世纪意大利、希腊或土耳其的产品[1]。法国米歇尔·皮尔若利·史蒂文森(Michele Pirazzoli-T'serstevens)认为盘中心为酒神巴卡斯，是公元3至4世纪东罗马的作品，产地在意大利或希腊[2]。齐东方认为是公元6世纪以后带有罗马风格的萨珊银器[3]。

图三八　甘肃靖远出土鎏金银盘

此盘出靖远县之北滩乡。靖远为西魏时所置之会州，治所多云在今靖远县城。严耕望认为会州治所之会宁县应在今靖远县城以北约百里之徙城堡地区[4]。北滩乡在靖远县城与徙城堡之东北。自原州（固原）至会州，须经海原、西安州、乾盐池（河池）、打拉池、周家地至徙城堡（会州）。则此盘所出之北滩乡已偏离原会间之大路，实际上是在会宁关（隔黄河与景泰相望）东通唐代萧关（今同心以南）之途上，与通往灵州的交通有关。

唐代安史之乱以后，吐蕃自青海北上，逐步占领河西和秦、兰、原、会各州。建中二年（公元781年）占领沙州后，整个控制了西北，长安西通敦煌的南北两路皆阻隔不通，只能自长安经邠州、庆阳（庆州）、环县（环州）至灵武（灵州），然后渡黄河沿贺兰

---

[1] 初师宾《甘肃靖远新出东罗马鎏金银盘略考》，《文物》1990年5期，页1。
[2] 米歇尔·皮尔若利·史蒂文森(Michele Pirazzoli-T'serstevens)《外部世界文化对中国的贡献——交流与融合》，北京大学赛克勒考古与艺术博物馆《"迎接二十一世纪的中国考古学"国际学术讨论会论文集》，1998年。
[3] 齐东方《中国古代金银器皿与波斯萨珊王朝》，《伊朗学在中国学术讨论会论文集》页51，北京大学出版社，1993年。
[4] 严耕望《长安西通安西驿道（上）：长安西通凉州两驿道》，《唐代交通图考》第二卷，中研院史语所专刊之八十三，1985年。

山南至武威(凉州),灵州便成了通向河西、漠北的交通枢纽。靖远北滩乡地处北路与灵州道之间,东罗马鎏金银盘的埋藏时间很可能要晚至公元8世纪。

(十二) 青海西宁出土的波斯萨珊银币

1956年发现在西宁城内城隍庙街一陶罐中,共76枚,其中4枚已残破。同出的还有"货泉"和"开元通宝"钱。根据选出的20枚波斯萨珊银币观察,直径2.5～3厘米,重3.8～4.1克[1]。皆为卑路斯银币(图三九)。分A、B两式,两式之区别在于正面卑路斯王冠装饰之不同,A式王冠后部有雉堞形饰物,B式则无雉堞形饰物而有一对翼翅。A式冠象征"天"和袄神奥马兹德,B式冠以鹰鸟之翼翅代表太阳[2]。

图三九　青海西宁出土波斯萨珊银币

西宁波斯银币的埋藏虽已晚至唐代以后,仍可说明公元4至6世纪河西走廊被地方政权割据之后,从兰州(金城)经乐都(鄯州)、西宁(鄯城)、大通,北至张掖,或西过青海湖吐谷浑国都伏俟城至敦煌或若羌的这条"青海道"路线,它是通西域的丝绸之路上的重要路线[3]。

另外,吐谷浑之"河南国",地跨川青,南接益州(成都),北通西域,实为南朝通西域的必经之路,被称为"河南道"[4]。"河南道"在公元4至6世纪西域与中国南方文化交流方面起着重要作用。关于这条路线的考古调查和研究,将有正式报告发表[5]。

二

自长安至西域的丝绸之路西段,即自敦煌玉门关、阳关西入新疆境内的路线,按时代和地域大致可分为三路:塔克拉玛干沙漠以南为南路,塔克拉玛干沙漠以北、天

---

[1] 赵生琛《青海西宁发现波斯萨珊朝银币》,《考古通讯》1958年1期,页64;王玉考《青海西宁波斯萨珊朝银币出土情况》,《考古》1962年9期,页492。

[2] 夏鼐《青海西宁出土的波斯萨珊银币》,《考古学报》1958年1期,收入《考古学论文集》,页129。

[3] 周伟洲《丝绸之路东段的另一支线——青海路》,《西北历史资料》1985年1期;冯汉镛《关于"经西宁通西域路线"的一些补充》,《考古通讯》1958年7期,页59,又页63夏鼐按语。

[4] 唐长孺《南北朝期间西域与南朝的陆路交通》,见《魏晋南北朝史论拾遗》页168～195,中华书局,1983年;又《北京承平七年(449)写经记与西域通往江南的道路》,收入《向达先生纪念论文集》页104～117,新疆人民出版社,1986年。

[5] 陈良伟《丝绸之路"河南道"的考古调查和研究》(未刊稿)。

山以南为中路,天山以北为北路[1]。

南路是从敦煌出玉门关或阳关至楼兰或米兰,西至若羌、且末、民丰、于阗、和阗、叶城、塔什库尔干,通过红其拉甫山口或瓦罕走廊至伊朗。也可从叶城北去莎车至疏勒、喀什。汉代敦煌至米兰出玉门关,走库木塔格沙漠北缘,经羊塔格库都克至米兰。魏晋以后则出阳关,沿库木塔格沙漠南缘,经葫芦斯台、安南坝,循阿尔金山北麓,过红柳沟口至米兰[2]。玄奘回国便走这条南路[3]。公元13世纪马可波罗也是从这条南路入河西的[4]。

我们现在所说的中路,在汉代则为北路,汉代南北路自楼兰分歧。自楼兰沿孔雀河谷西北行至尉犁、库尔勒、焉耆,沿塔克拉玛干沙漠北缘西行,经轮台、库车(龟兹)、阿克苏、巴楚,至喀什。汉代通西域主要为南路和中路的西段,即鄯善(楼兰)、于阗、焉耆、龟兹诸国。法显西行时则自鄯善至焉耆,再自焉耆逾沙漠返回南路之于阗,兼走汉之南北两路[5]。中路的东段和北路,汉则一直与匈奴、乌孙相争夺,西汉首先控制车师前庭(吐鲁番地区),则可由楼兰向北迳至车师。后更自玉门关迳逾塔克拉玛干沙漠而至车师(高昌),再西去焉耆。此即唐代所谓之"大海道"[6]。东汉以后,进而控制伊吾地区,可自瓜州(敦煌)迳通伊吾(哈密),再向西往车师、焉耆。

北路是自伊吾经蒲类海(巴里坤湖)、木垒、奇台、吉木萨尔(车师后庭、唐代之北庭都护府)、昌吉、精河,经弓月城而至碎叶(今吉尔吉斯伊赛克湖以西之托克玛克城)。

弓月城是北路西端交通之枢纽,约在今伊犁河北伊宁附近。南通安西都护府所在地龟兹(库车),东通北庭都护府所在地庭州(吉木萨尔)和西州(高昌,今吐鲁番),西通安西四镇最西一镇碎叶。弓月城是丝绸之路上的重要城市,贸易发达。吐鲁番阿斯塔那61号墓出土的唐代文书(图四〇)中,有汉商李绍谨从弓月城胡商曹炎延借丝绢275匹的诉讼牒[7]。弓月城的具体位置,王国维主张唐之弓月城即元代之阿力麻里城[8]。黄文弼指阿力麻里城在霍城县西阿尔泰,城中出土叙利亚文基督教徒十字

---

[1] 严耕望《长安西通安西驿道(下):凉州西通安西驿道》第四节"汉隋间通西域诸道及其与唐道之关系",见《唐代交通图考》第二卷,页479~488。
[2] 吴礽骧《汉代玉门关及其入西域路线之变迁》,《中亚学刊》第二辑,页1,中华书局,1987年。
[3] 参见季羡林等《大唐西域记校注》,中华书局,1985年。
[4] 参见沙海昂注、冯承钧译《马可波罗行记》,商务印书馆,1947年。
[5] 参见章巽《法显传校注》,上海古籍出版社,1985年。
[6] 王去非《关于大海道》,《向达先生纪念论文集》页485~493。
[7] 国家文物局古文献研究室等《吐鲁番出土文书》第六册,页470~479,文物出版社,1985年;王明哲《吐鲁番出土有关弓月城文书初析》,《西域史论丛》第一辑,页171~181,新疆人民出版社,1985年。
[8] 李志常《长春真人西游记》卷上,王国维校注本。

•考古学上所见中国境内的丝绸之路•

图四〇　阿斯塔那61号墓出土《唐西州高昌县上安西都护府牒稿为录上讯问曹禄山诉李绍谨两造辩辞事》

图四一　阿力麻里城出土叙利亚文基督教徒墓碑

架墓碑(图四一)和察合台汗国银币(图四二),可以为证[1]。但阿力麻里城唐代遗物甚少,尚有待于正式之考古发掘。北道虽开自汉代,而至唐始盛,为北庭通碎叶之通途。公元13世纪蒙元时期,阿力麻里为察合台汗国首都,耶律楚材、丘处机、刘郁西使,皆从北路的别失八里(唐北庭、今吉木萨尔)至阿力麻里西行[2]。公元14世纪的罗马教皇使者马黎诺里(Marignolli)也是自钦察汗国至察合台汗国之阿力麻里,东行走北路经哈密而至上都[3]。

上述三条路线,经始于汉,完成于隋(公元前2世纪至公元6世纪)。正如隋裴矩《西域图记》序中所说:

> 发自敦煌,至于西海,凡为三道,各有襟带。北道从伊吾,经蒲类海、铁勒部、突厥可汗庭,度北流河水,至拂菻国,达于西海。其中道从高昌、焉耆、龟兹、疏勒,度葱岭,又经钹汗、苏对沙那国、康国、曹国、何国、大小安国、穆国,至波斯,达于西海。其南道从鄯善、于阗、朱俱波、喝盘陀,度葱岭,又经护密、吐火罗、挹怛、

---

[1] 黄文弼《元阿力麻里古城考》,《考古》1963年10期,页555,收入《西北史地论丛》,上海人民出版社,1981年;《新疆考古发掘报告(1957—1958)》,文物出版社,1983年;成振国《新疆阿力麻里古城又发现一块基督教叙利亚文刻石》,《文物》1985年4期,页50。另有一种意见认为弓月城在伊宁市东北吐鲁番圩孜大小金城,见易漫白《弓月城及双河位置考》,收入《新疆历史论文续集》页194～210,新疆人民出版社,1982年。

[2] 参见耶律楚材《西游录》,向达校注,中华书局,1981年;李志常《长春真人西游记》,王国维校注本;刘郁《西使记》,《学海类编》本。

[3] 参见张星烺《中西交通史料汇编》第一册,页244～256,中华书局,1977年。

图四二　阿力麻里城出土察合台汗国银币

忛延、漕国,至北婆罗门,达于西海。其三道诸国,亦各自有路,南北交通。……故知伊吾、高昌、鄯善,并西域之门户也。总凑敦煌,是其咽喉之地。[1]

裴矩对长安至西域丝绸之路的西段的三条路线,作了极明确的概括。唐代仍维持这种格局。在这三条路线上,均发现有外国遗物,兹分述如下。

(一) 楼兰出土的贵霜铜币和萨珊玻璃碗

1. 贵霜铜币

1枚,1980年发现于楼兰古城内,直径2.7厘米,重16.3克(图四三)。钱正面有单人骑驼图案[2]。

图四三　楼兰古城出土贵霜铜币

---

[1] 《隋书》卷六十七《裴矩传》。
[2] 新疆楼兰考古队《楼兰古城址调查与试掘简报》,《文物》1988年7期,页1。

2. 萨珊玻璃碗

斯坦因在楼兰L.K遗址的一座公元5至6世纪的墓葬中发现。碗高5.6、口径6.9、底径2.4厘米。侈口，平底，浅绿色透明，腹部有三排圆形凹面纹饰，靠近底部的一排为七个圆形凹饰[1]。1980年在楼兰古城（斯坦因编号为LA）发现玻璃器残片6片。

（二）米兰吐蕃戍堡西南废佛寺出土有翼天使像壁画残片[2]

这种有罗马艺术风格的画像（图四四），斯坦因亦曾在米兰发现过。表明在公元4世纪中叶以前罗马艺术或犍陀罗艺术从丝绸之路东传的情形。

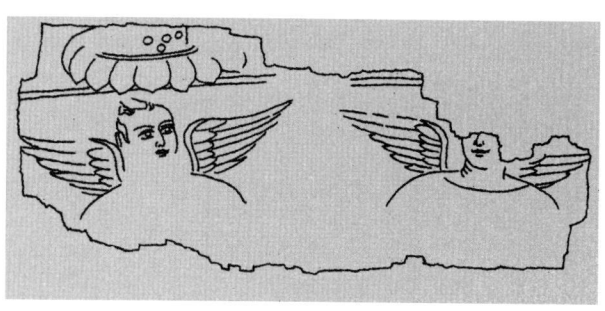

图四四 米兰吐蕃戍堡西南废佛寺出土有翼天使像壁画残片
1. 壁画 2. 线图

（三）和阗发现的蚀花肉红石髓珠、东罗马金币和喀喇汗朝铜器

1. 和阗发现的蚀花肉红石髓珠

斯坦因在和阗发现[3]（图四五）。这种蚀花肉红石髓珠，是在鸡血石（即肉红石髓）上用化学方法腐蚀出各种花纹的，公元前2000年即在西亚和南亚出现。和阗所出者为公元前3世纪至2世纪的，它与巴基斯坦的白沙瓦和坦叉始罗出土的极为相似，因而极有可能是从西亚和南亚输入的。1980年在楼兰亦曾发现过两件（图四六）。中国云南晋宁石寨山西汉墓和云南江川李家山24号墓均曾发现过花纹简单

---

[1] 斯坦因（A. Stein）《亚洲腹地》（*Innermost Asia*），1928年；参见安家瑶《北周李贤墓出土的玻璃碗——萨珊玻璃器的发现与研究》，《考古》1986年2期，页173。
[2] 王炳华《"丝路"考古新收获》，《新疆文物》1991年2期，页21。
[3] 斯坦因《亚洲腹地》第1卷，页110，第4卷图版X。

图四五　和阗出土蚀花肉红石髓珠　　　　图四六　楼兰出土蚀花肉红石髓珠

的蚀花肉红石髓珠[1]，李家山24号墓的年代约在公元前6世纪，说明西亚与南亚在公元前即与中国川滇有着交通联系。中国西南部，包括云南、四川、西藏地区与西亚、南亚的交通路线，在考古学上尚是一个待研究的课题。

2. 和阗发现东罗马金币

1枚，为查士丁一世（Justin I，公元518～527年）时期所铸。出土于1914年[2]。

3. 和阗发现的喀喇汗朝窖藏铜器

1989年发现，共16件。嵌银錾花铜托盘2件，高3.4～4.5、长31～32.7、宽20～22.2厘米；盘沿及盘内底用银片嵌出阿拉伯字和缠枝忍冬、莲花等花纹（图四七）。铜执壶1件，高25.5厘米；长流、细颈、鼓腹、圈足、曲柄。錾花铜器盖2件，高4.5、直径5.2厘米，盖面錾出花瓣、鸟禽等纹饰，盖口四周刻阿拉伯文（图四八）。嵌银錾花铜器盖1件，高8.3、直径16厘米；宝珠纽，通体布满錾银花纹，有各种缠枝忍冬、桃形连圈、曲波等纹饰，繁缛纤巧（图四九）。嵌紫铜錾花铜盒1件，高8.8、直径10.5厘米；平顶盖，子母口，直筒身，盒身下部有三系；盖顶与盒身錾紫铜花纹，有阿拉伯文和带翼怪兽等（图五〇）。另外还有素面铜鼎、釜、铛、豆等器[3]。这种带阿拉伯文錾银或紫铜花纹的铜器，在和阗屡有发现。公元1004年于阗为喀喇汗王朝（黑汗王朝）的东汗国所灭，这些铜器当是喀喇汗王朝时所作，与中亚塔吉克斯坦所出的喀喇汗王朝铜器相似。

---

[1] 作铭（夏鼐）《我国出土的蚀花的肉红石髓珠》，《考古》1974年6期，页382，收入《考古学和科技史》页130，科学出版社，1979年；张增祺《战国至西汉时期滇池区域发现的西亚文物》，《思想战线》1982年2期，页83、84。

[2] 宿白《中国境内发现的东罗马遗物》，《中国大百科全书·考古学卷》页676、677。

[3] 李吟屏《新疆和阗市发现的喀喇汗窖藏铜器》，《考古与文物》1991年5期，页47。

图四七 和阗出土喀喇汗王朝嵌银錾花铜托盘

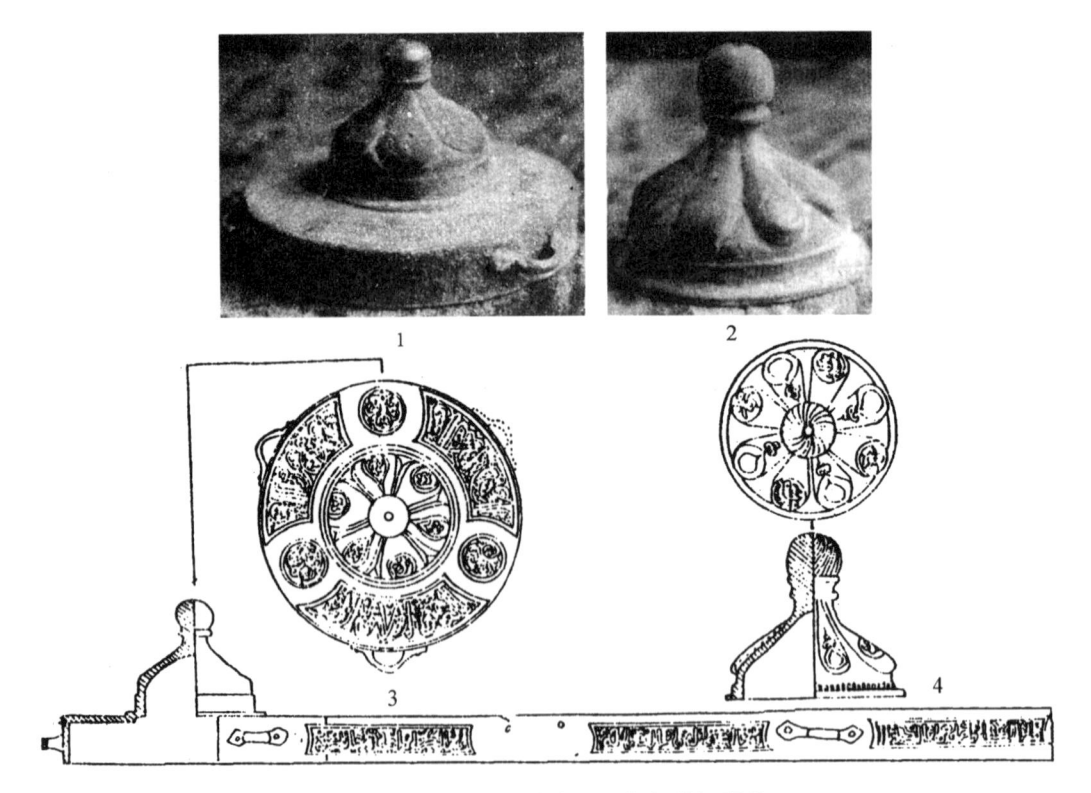

图四八 和阗出土喀喇汗王朝錾花铜器盖

1、3. Ⅱ型錾花铜器盖　2、4. Ⅰ型錾花铜器盖

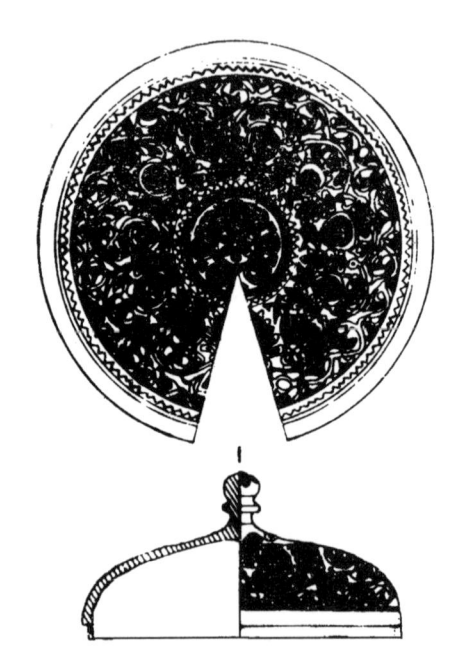

图四九 和阗出土喀喇汗王朝嵌银錾花铜器盖

•考古学上所见中国境内的丝绸之路•

图五〇　和阗出土喀喇汗王朝嵌紫铜錾花铜盒

（四）阿图什发现的喀喇汗王朝钱币

1980年3月发现于阿图什的松他克，约18 000枚左右，放于麻袋中入窖，全部为铜币，均系用打压的方法制成（图五一）。90％以上属穆罕默德·阿尔斯兰汗时所造，还有少量的迪尔赫姆式和桃花石可汗式钱币。同时埋入的还有9枚北宋钱币，年

图五一-1　阿图什出土喀喇汗王朝钱币

1. 1980AT18正面　2. 1980AT18背面　3. 1980AT23正面　4. 1980AT43正面　5. 1980AT43背面　6. 1980AT1正面　7. 1980AT1背面（箭头所指处为"喀什噶尔"字样）　8. 1980AT32正面　9. 1980AT33正面　10. 1980AT33背面（1～5为穆罕默德·阿尔斯兰汗时期造；6、7为"迪尔赫姆"银币式样；余为难以识读铭文或无铭文银币）

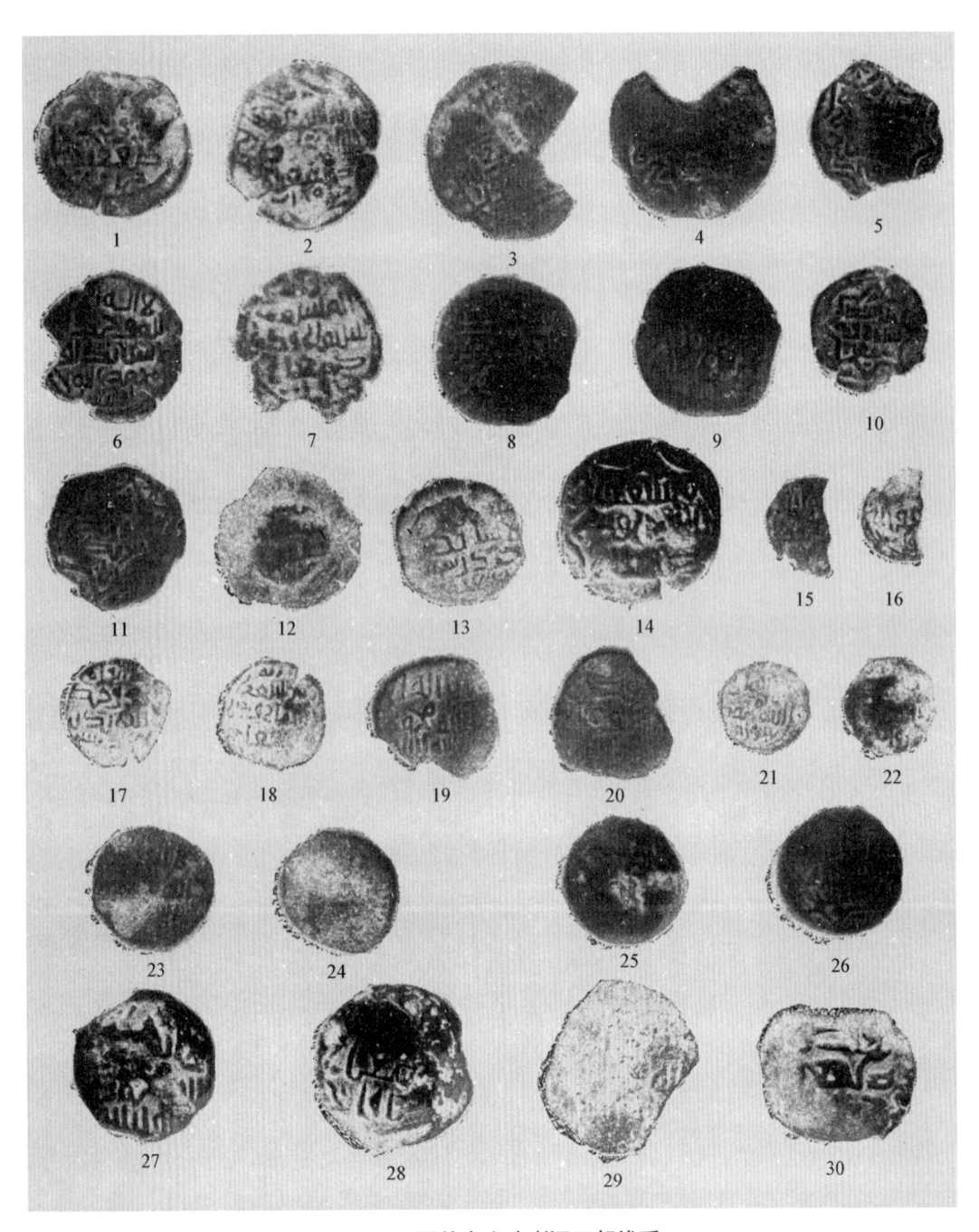

图五—-2 阿图什出土喀喇汗王朝钱币

1. 1980AT8 正面 2. 1980AT8 背面 3. 1980AT9 正面 4. 1980AT9 背面 5. 1980AT96 背面 6. 1980AT11 正面 7. 1980AT11 背面 8. 1980AT44 正面 9. 1980AT44 背面 10. 1980AT97 背面 11. 1980AT12 正面 12. 1980AT12 背面 13. 1980AT16 正面 14. 1980AT16 背面 15. 1980AT54 正面 16. 1980AT54 背面 17. 1980AT10 正面 18. 1980AT10 背面 19. 1980AT28 正面 20. 1980AT28 背面 21. 1980AT40 正面 22. 1980AT40 背面 23. 1980AT36 正面 24. 1980AT36 背面 25. 1980AT27 正面 26. 1980AT27 背面 27. 1980AT98 正面 28. 1980AT98 背面 29. 1980AT95 正面 30. 1980AT95 背面（皆为"桃花石可汗"钱币）

代最晚的是政和通宝[1]。故此窖藏当埋于公元12世纪中叶。窖藏地点距喀喇汗王朝东汗国之首都疏勒（喀什噶尔）很近。

（五）乌恰发现的波斯萨珊银币

1959年5月，在新疆克孜勒苏柯尔克孜族自治州乌恰县以西的深山中破山修路时，在石缝中发现波斯萨珊银币947枚（图五二），金条13根，共重1 330克。出土时银币锈蚀甚重，有97枚已残损，其余850枚中有库思老一世2枚，库思老二世567枚，阿拉伯翁米亚王朝（公元651～702年）仿制库思老二世式样银币，即阿拉伯—萨珊式银币281枚[2]。乌恰在喀什西北，正当西通费尔干纳的交通线上。埋藏的时间约在公元8世纪初。此时大食灭萨珊，掠中亚，迫使大批波斯人和粟特人东迁中国，这批

图五二　乌恰出土波斯萨珊银币

---

[1] 蒋其祥《新疆阿图什县喀喇汗王朝钱币窖藏清理简报》，《文物》1985年12期，页26。
[2] 李遇春《新疆乌恰县发现金条和大批波斯银币》，《考古》1959年9期，页482。

银币的发现,特别是阿拉伯—萨珊式银币的发现,正说明了这一历史事实。

(六) 吐鲁番地区发现的东罗马金币、波斯萨珊银币和波斯锦

吐鲁番地区包括阿斯塔那的哈喇和卓高昌古城和墓地,以及雅尔湖的交河古城和墓地。

1. 阿斯塔那墓地出土的东罗马金币

共出3枚,均为查士丁尼一世(Justinianus Ⅰ,公元527～565年)的仿制品。1915年斯坦因发掘所得,分别出于1区3号、5号、6号墓中[1]。

2. 阿斯塔那哈喇和卓高昌古城出土的波斯萨珊银币

(1) 1950年发现波斯萨珊银币20枚:直径2.6～3.1厘米,重4～4.3克。其中沙卜尔二世(Shapur Ⅱ,公元310～379年)10枚(图五三-1,5、8、9;图五三-2,1～3、5、8～10),阿尔达希二世(Ardashir Ⅱ,公元379～383年)7枚(图五三-1,1、4、6、10;图五三-2,4、6、7),沙卜尔三世(公元383～388年)3枚(图五三-1,2、3、7)[2]。

(2) 1955年发现10枚萨珊银币:直径2.4～2.8厘米,装在一个煤精制的黑色方盒内[3],其中沙卜尔二世4枚,阿尔达希二世5枚,沙卜尔三世1枚[4](图五四)。

(3) 1957年发现2枚萨珊银币:皆为阿尔达希二世者[5](图五五)。

高昌古城所出之波斯萨珊银币,三批共32枚,均集中于公元310～388年之间,此时正当前秦苻坚命吕光西征(前秦建元十八年,公元382年)高昌、焉耆灭龟兹之时。吕光威扬西域,"桀黠胡王,昔所未宾者,不远万里,皆来归附"[6]。公元389年(前秦太初四年,东晋太元十四年)吕光自立为三河王,称后凉,建元麟嘉,封其子吕覆为西域大都护,镇高昌。这些萨珊银币似乎应该是在这个时期流入高昌的。

3. 阿斯塔那和雅尔湖墓地出土的波斯萨珊银币

(1) 1915年斯坦因在阿斯塔那1区3号墓中:发掘出2枚萨珊银币,荷尔马斯德四世(Harmazd Ⅳ,公元579～590年)1枚,库思老二世1枚,两枚银币分别放在死者的双眼上(图五六)。在5区2号墓亦出1枚银币,置于死者口中,已残破[7]。

---

[1] 宿白《中国境内发现的中亚与西亚遗物》,《中国大百科全书·考古学卷》页677。
[2] 夏鼐《新疆吐鲁番最近出土的波斯萨珊朝银币》,《考古》1966年4期,页211。
[3] 李遇春《新疆吐鲁番发现古代银币》,《考古通讯》1957年3期,页70。
[4] 夏鼐《中国最近发现的波斯萨珊银币》,《考古学报》1957年2期,页60,收入《考古学论文集》页127。
[5] 夏鼐《中国最近发现的波斯萨珊朝银币》,《考古学报》1957年2期,页60,收入《考古学论文集》页127。
[6] 《晋书》卷一二二《吕光载记》。
[7] 夏鼐《新疆吐鲁番最近出土的波斯萨珊朝银币》,《考古》1966年4期,页211;斯坦因《亚洲腹地》第2卷,页993、994,图版CXX,18、19。

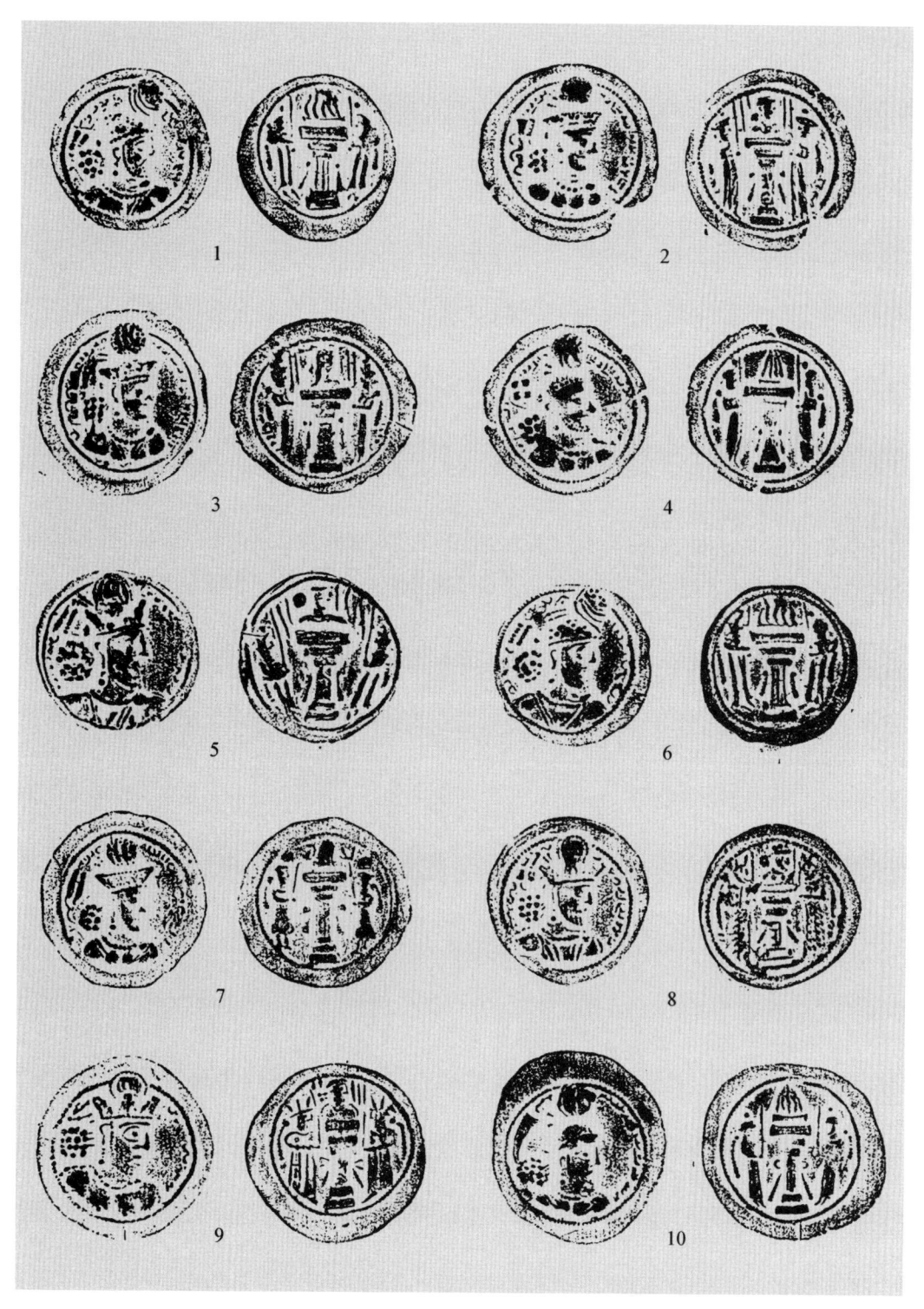

图五三-1　阿斯塔那哈喇和卓高昌古城1950年出土波斯萨珊银币

1、4、6、10. 阿尔达希二世银币　2、3、7. 沙卜尔三世银币　5、8、9. 沙卜尔二世银币

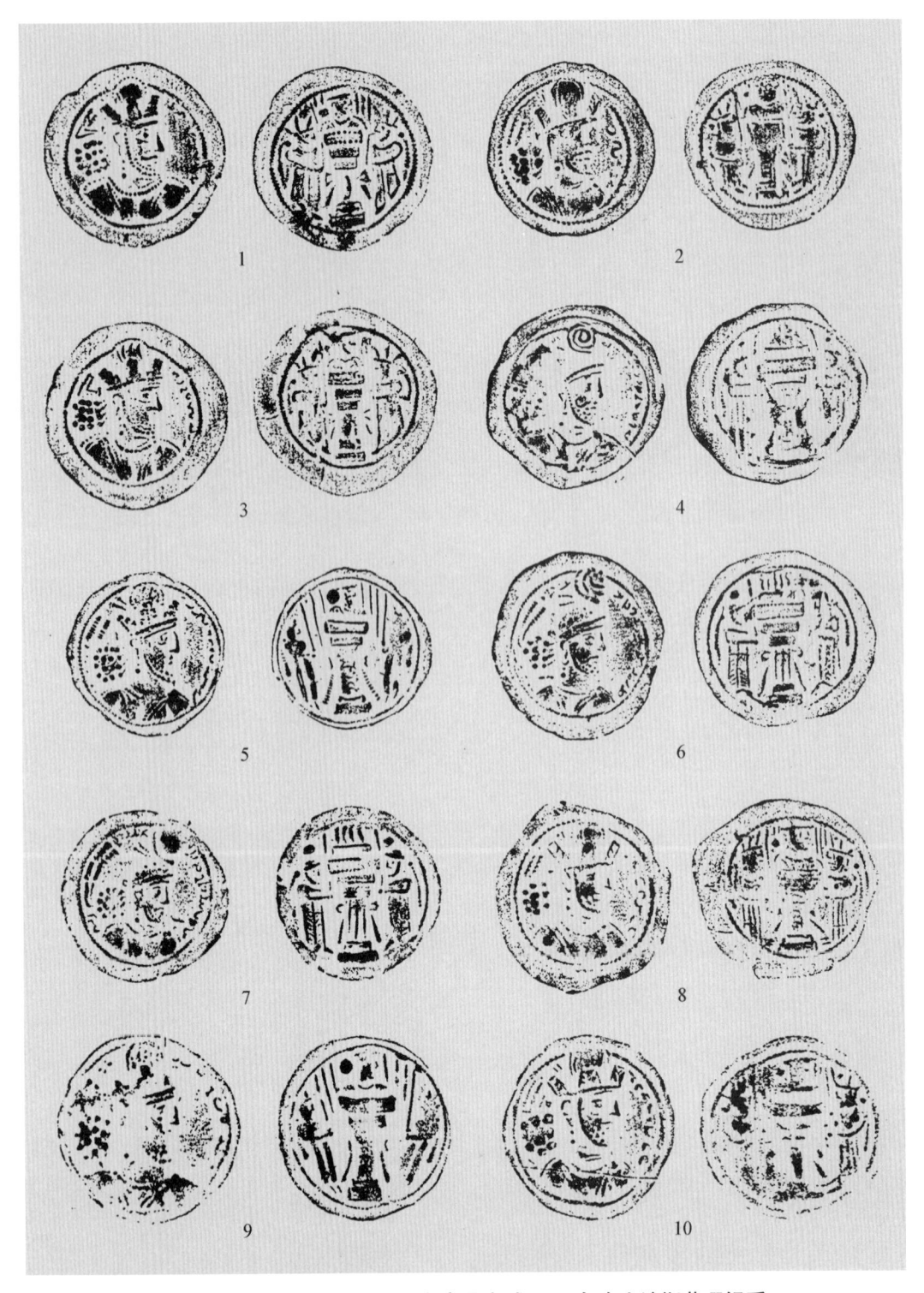

图五三-2　阿斯塔那哈喇和卓高昌古城1950年出土波斯萨珊银币

1~3、5、8~10.沙卜尔二世银币　4、6、7.阿尔达希二世银币

·考古学上所见中国境内的丝绸之路·

图五四　阿斯塔那哈喇和卓高昌古城1955年出土波斯萨珊银币

1～4.沙卜尔二世银币　5～9.阿尔达希二世银币　10.沙卜尔三世银币

（2）1928年出土于哈喇和卓古坟中：直径2.6厘米，重3克，为库思老二世所铸（图五七），与开元通宝钱同含于死者口中[1]。

---

[1] 黄文弼《吐鲁番考古记》页49，图版52，中国科学院，1954年。

图五五　阿斯塔那哈喇和卓高昌古城1957年出土波斯萨珊银币

图五六　阿斯塔那1区3号墓出土波斯萨珊银币

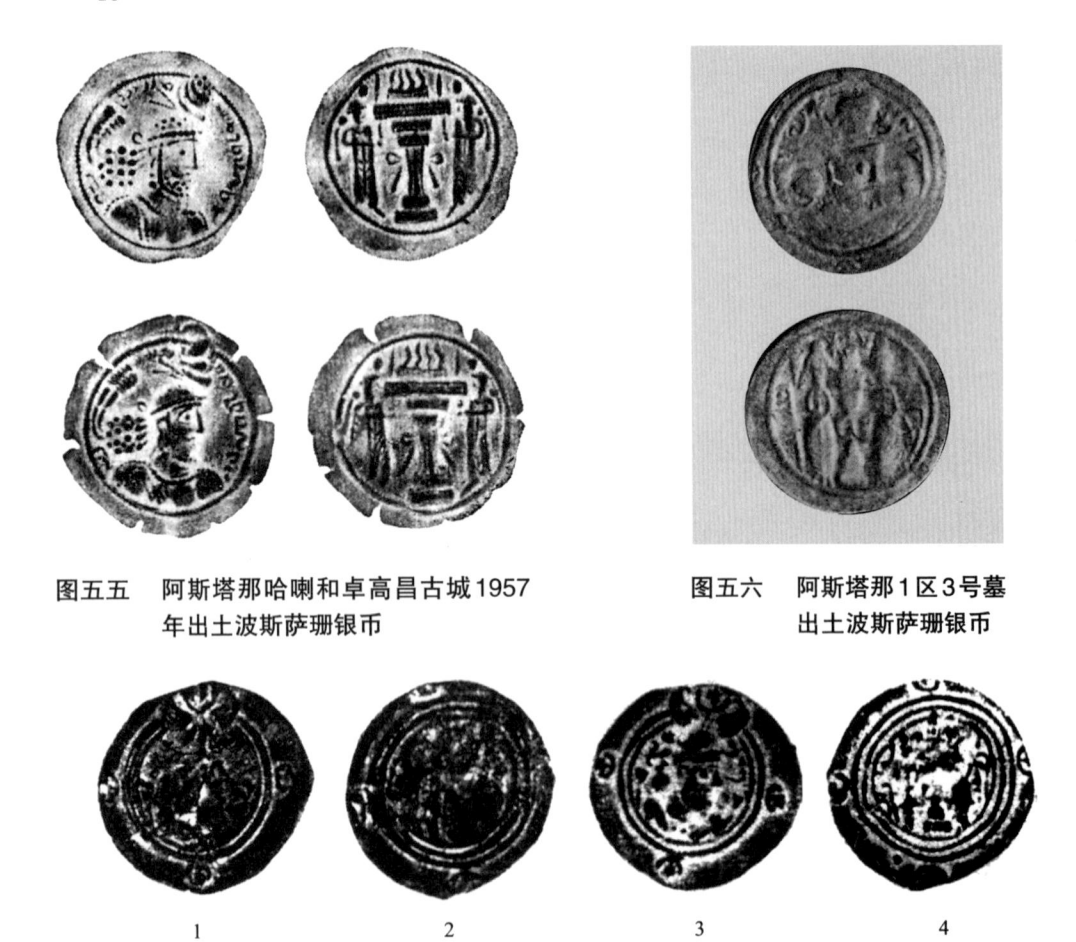

1　　　　2　　　　3　　　　4

图五七　哈喇和卓古坟出土波斯萨珊银币

1、2. 器物（正、背）　3、4. 拓片（正、背）

（3）1959～1960年阿斯塔那高昌墓地出土7枚萨珊银币：302号墓（永徽四年，公元653年）出土两枚，一剪边，一完整，直径3.1厘米，重3.9克，皆为耶斯提泽德三世（Yezdigird Ⅲ，公元632～651年）铸币，年份为YAJDH，即11年，相当于公元642年，即唐贞观十六年（图五八）。此二钱置于该墓女尸口中。338号墓（乾封二年，公元667年）出土1枚，直径3厘米，重4克，为库思老二世铸币，年份为HFTSIH，即37年，相当于公元626年，即唐武德九年。325号墓（显庆元年，公元656年）出土两枚，一为库思老二世所铸，另一枚锈蚀不清。319号墓出土1枚，锈蚀不清。322号墓（龙朔三年，公元663年）出土1枚，为库思老二世所铸。337号墓（显庆二年，公元657年）出土1枚，锈蚀不清。339号墓（延寿三年，公元626年）出土1枚，为库思老二世所铸[1]。

---

[1]　夏鼐《新疆吐鲁番最近出土的波斯萨珊朝银币》，《考古》1966年4期，页211；夏鼐《综述中国出土的波斯萨珊朝银币》，《考古学报》1974年1期，页110，附录补记。

图五八 阿斯塔那高昌墓地出土波斯萨珊银币
1. M302：025   2. M302：027

（4）1964年阿斯塔那20号墓（神龙二年，公元706年）出土1枚：剪边，直径2.7厘米，重2.3克，为库思老二世33年（公元622年）所铸，出于该墓女尸口中。29号墓（垂拱元年，公元685年）出土1枚，直径3.1厘米，重3.9克，为布伦女王2年（公元631年）所铸。8号墓（唐墓）出土1枚，剪边，直径2.7～2.9厘米，重3.1克，为库思老二世式样，30年（公元661年）所铸，出于尸体口中[1]。

图五九 阿斯塔那48号墓出土波斯萨珊银币

（5）1966年阿斯塔那48号墓（隋仁寿四年，公元604年）出土1枚：直径2.65厘米，重4.07克，为詹马斯波（Jamasp）3年（公元498年）所铸，鎏金，穿一孔，焊接一环，已改为装饰品，出于该墓女尸口中（图五九）。73号墓（唐墓）出土1枚，为库思老二世所铸，出于该女尸口中[2]。

图六〇 阿斯塔那363号墓出土波斯萨珊银币

（6）1967年阿斯塔那363号墓（景云元年，公元710年）出土1枚：直径3.2厘米，重2.9克，为耶斯提泽德三世所铸，出于该墓尸体口中（图六〇）。77号墓（唐墓）出土1枚，为库思老二世1年（公元590年）所铸，出于该墓女尸口中。78号墓（贞观十二年，公元638年）出土1枚，直径3～3.1厘米，重3.2克，为库思老二世所铸，出于该墓男尸口中。92号墓（贞观十三年，公元639年）出土1枚，直径3厘米，重3克，为库思老二世30年（公元619年）所铸，出于该墓女尸口中[3]。

---

[1] 夏鼐《综述中国出土的波斯萨珊朝银币》，《考古学报》1974年1期，页110，附录补记。
[2] 夏鼐《综述中国出土的波斯萨珊朝银币》，《考古学报》1974年1期，页110，附录补记。
[3] 夏鼐《综述中国出土的波斯萨珊朝银币》，《考古学报》1974年1期，页110，附录补记。

图六一 阿斯塔那149号墓出土波斯萨珊银币

（7）1969年阿斯塔那118号墓（唐墓）出土1枚：直径2.9厘米，为库思老二世25年（公元614年）所铸，出于尸体口中。39号墓（唐墓）出土1枚，已锈蚀成屑，亦在男尸口中[1]。

（8）1972年阿斯塔那149号墓（唐墓）出土1枚：直径3.1厘米，重4克，鎏金，上下各穿一孔，为库思老二世15年（公元604年）所铸，出于该墓女尸口中[2]（图六一）。

（9）1973年阿斯塔那206号墓（永昌元年，公元689年）出土1枚：剪边，直径2.7厘米，重3.1克，为库思老二世30年（公元619年）所铸，出于该墓女尸左眼上。115号墓（高昌末至隋）出土1枚，直径2.6厘米，重2.2克，为卑路斯B式，人像顶部穿一孔[3]。

（10）雅尔湖高昌墓地出土萨珊银币2枚：1956年6号墓出土库思老二世1枚，56号墓出土库思老二世11年（公元600年）所铸1枚[4]（图六二）。

从阿斯塔那和雅尔湖墓地可以看出，公元7世纪高昌末年至唐代西州时期的墓中，盛行以波斯萨珊朝银币或东罗马金币殉葬，多数含殓于口中，或覆盖于双眼上，这是中国的传统葬俗。所用萨珊银币多是卑路斯（公元459～484年）以后至库思老二世式样（公元651年以后）的，尤以库思老二世（公元590～628年）为最多；罗马金币的年代也在公元6世纪中叶以后。有的银币的铸年与殉葬入墓年代很接近，说明萨珊银币的流通是很快的。

图六二 雅尔湖高昌墓地出土波斯萨珊银币
1. 6号墓出土库思老二世银币　2. 56号墓出土库思老二世银币

---

[1] 夏鼐《综述中国出土的波斯萨珊朝银币》，《考古学报》1974年1期，页110，附录补记。
[2] 夏鼐《综述中国出土的波斯萨珊朝银币》，《考古学报》1974年1期，页110，附录补记。
[3] 夏鼐《综述中国出土的波斯萨珊朝银币》，《考古学报》1974年1期，页110，附录补记。
[4] 夏鼐《中国最近发现的波斯萨珊朝银币》，《考古学报》1957年2期，页60，收入《考古学论文集》页127。

4. 阿斯塔那墓地出土的波斯锦

在丝绸之路上，中国丝绸是向西方输出的主要商品。自公元前1世纪的汉代，中国丝绸已输出中亚、西亚和欧洲，其遗物已在中亚、西亚被考古学家们所发现。到波斯萨珊时期，波斯人也开始制造丝绸，也能做织锦，其产品则返销至中国，中国人称之"波斯锦"。梁普通元年（公年520年）滑国（嚈哒）来献方物，其中也有"波斯锦"[1]。吐鲁番文书公元5世纪购物账中也有"钵（波）斯锦"，衣物疏中除有"波斯锦"外，还有"波斯锦面依（衣）"和"波斯锦被辱（褥）"[2]。什么是波斯锦？夏鼐认为在阿斯塔那墓地中便出土有这种波斯锦。在阿斯塔那墓地中发现的丝织品中，公元7世纪开始出现一种织锦，和一般的中国汉唐织锦不同。它用斜纹重组织，纬线起花，拈线较紧，夹经用双线，这是波斯萨珊织锦中通行的织法，而汉锦则为平织，经线起花，夹纬单线，两者有明显的区别。波斯锦在花纹上也不是汉锦横贯全幅的布局，而是以联珠纹分隔成独立的花纹图案，如猪头纹，颈佩绶带的立鸟纹。夏鼐认为这种织锦可能便是所谓的"波斯锦"，是在伊朗东部地区制造而输入中国的。他举阿斯塔那325号墓（唐龙朔元年，公元661年）出土的猪头纹锦（图六三），以及332号墓出土的立鸟纹锦为证[3]（图六四）。目前所知时代最早的波斯锦是阿斯塔那公元619年（唐武德二年）的331号墓出土的猪头纹锦[4]。当时，有以

图六三　阿斯塔那325号墓出土猪头纹锦

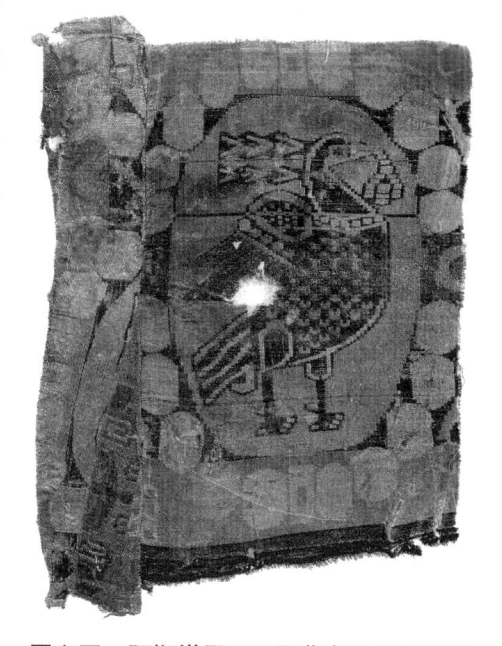

图六四　阿斯塔那332号墓出土立鸟纹锦

---

[1]　《梁书》卷五十四《诸夷传·滑国传》。
[2]　宿白《中国境内发现的中亚与西亚遗物》，《中国大百科全书·考古学卷》页677。
[3]　夏鼐《近年中国出土的萨珊朝文物》，《考古》1978年2期，页111。
[4]　宿白《中国境内发现的中亚与西亚遗物》，《中国大百科全书·考古学卷》页677。

中国织法织造而用萨珊式花纹的产品。后来也有采用萨珊织法和萨珊式花纹的中国织锦产品，这是中国仿制的"波斯锦"，可以达到乱真的程度。

（七）焉耆出土的波斯萨珊银币和银器

1. 1978年焉耆博格达古城出土库思老二世银币1枚

其埋藏年代约在公元7世纪[1]。

2. 1989年4月焉耆唐王城出土银器5件

碗3件，盘2件。碗敞口圈足，口沿下饰联珠纹或花瓣纹，腹部作瓜棱状（图六五）。有一碗的口沿下有一周刻铭（待释）。盘敞口圈底，一盘内中央刻1只狮子和山石树木等（图六六，1），另一盘内刻类似鸵鸟的动物7只（图六六，2），刻纹上有鎏金残迹。银器出于唐王城西400米处，似为一处墓葬[2]。

图六五　焉耆唐王城出土银碗

图六六　焉耆唐王城出土银盘
1. 狮纹银盘　2. 鸵鸟纹银盘

---

[1] 韩翔《焉耆国都、焉耆都督府治所与焉耆镇城——博格达沁古城调查》，《文物》1982年4期，页8；又可参阅宿白《中国境内发现的中亚与西亚遗物》，《中国大百科全书·考古学卷》页677。

[2] 覃大海《焉耆古代银器》，《中国考古学年鉴（1990）》页331，文物出版社，1991年。

（八）轮台群巴克出土的西亚镶嵌玻璃珠

1985～1987年间在轮台群巴克发掘公元前10世纪至前7世纪的墓地[1]。有的墓中发现有玻璃珠，如Ⅰ号墓地第28号墓出土的1件镶嵌玻璃珠，在深蓝色球状体中嵌入了八九个蓝白相间的同心圆，圆心点为深蓝色，同心圆的排列并不整齐。它与伊朗高原出土的一种镶嵌玻璃珠非常相似。可能是从西亚传入中国的。春秋战国之际，在我国中原和南方地区的高级贵族墓中也发现过这种镶嵌玻璃珠[2]。我们以前曾设想，中原春秋战国墓和南方的楚墓中发现的镶嵌玻璃珠，有一部分可能是从海路输入的，但新疆轮台群巴克墓地的发现，使我们不能不考虑，有少量的这种镶嵌玻璃珠也可能是从陆路输入的。在张骞开通西域以前，东西方在陆路上的交通和交往，实际上已经开始了，从这个意义来说，轮台群巴克西亚镶嵌玻璃珠的发现，是有重要价值的。

（九）库车出土的波斯萨珊银币和铜饰

1. 1928年在库车苏巴什古城中出土1枚波斯萨珊朝银币

直径2.3厘米，重1.8克[3]。此钱已被剪边，不能肯定是库思老二世，抑或是阿拉伯翁米亚王朝所铸之阿拉伯—萨珊式银币，因为公元711～761年太伯里斯坦（Tabarestan，即《新唐书·西域传》中之"陀拔斯单"）曾将旧有的库思老二世银币剪边使用，此枚银币便可能是从太伯里斯坦所在之里海南岸输入苏巴什的[4]（图六七）。

图六七　库车苏巴什古城出土波斯萨珊银币

---

［1］　中国社会科学院考古研究所新疆工作队《新疆轮台县群巴克墓葬第二、三次发掘简报》，《考古》1991年8期，页684。
［2］　安家瑶《镶嵌玻璃珠的传入及发展》，联合国教科文组织丝绸之路沙漠路线考察乌鲁木齐国际学术讨论会论文，1990年。
［3］　黄文弼《塔里木盆地考古记》页110，科学出版社，1958年。
［4］　夏鼐《中国最近发现的波斯萨珊朝银币》，《考古学报》1957年2期，页60，收入《考古学论文集》页127。

图六八　库车克力西出土有翼铜人像

2. 库车克力西出土铜饰

是1件残铜片,上有圆雕的带翅膀的人头胸像,深目高鼻,显系西方所制(图六八)。现藏库车文管所陈列室。

三

长安为汉唐时代之都城,从公元前2世纪至10世纪,西安是丝绸之路的起点,这是被公认的历史事实。但是,在东汉、曹魏、西晋和北魏时期,洛阳也曾是当时的都城;隋唐时期洛阳作为东都,在公元8世纪中叶以前,其政治和经济上的重要性并不低于长安。因此有人主张丝绸之路的起点应东延至洛阳。我们并不否认洛阳在中西文化交流史上曾起过重要作用,考古学的发现也证明了洛阳在中西文化交流中的重要地位,但作为丝绸之路之起点,西安的地位仍是不可动摇的。现将洛阳发现的外国遗物,叙列如下:

(一) 洛阳东郊出土的罗马玻璃瓶

1987年洛阳东郊出土,高13.6、口径4、腹径7.5厘米。卷沿,直口,长颈,垂腹,圜底内凹(图六九)。黄绿色,半透明。自口沿至底通体有螺旋状白色线纹,瓶表面除有白色线纹外,还有一层风化层,呈深褐色、金黄色和绿蓝色等金属光泽。华丽典雅,造型精巧,

图六九　洛阳东郊出土罗马玻璃瓶

是较典型的罗马吹制玻璃器[1],其时代约在公元2世纪,这是陆路上发现的时代最早的罗马遗物。此瓶完整无缺,尤为可贵。

(二) 1981年洛阳龙门唐安菩夫妇墓发现的东罗马金币1枚

直径2.2厘米,重4.3克,为东罗马福克斯(Focas,公元602～610年)时期所铸(图七〇)。出土时握于西侧尸骨的手中[2]。安菩为中亚安国人,陆胡州大首领,被唐朝封为定远将军,麟德元年(公元664年)卒于长安。景龙三年(公元709年)与其妻中亚何国人何氏合葬于洛阳城南敬善寺之东。

(三) 1955年洛阳北邙山30号唐墓出土波斯萨珊银币16枚

6枚已残毁,其余10枚的直径约2.6～2.7厘米,重3.7～3.9克[3]。从其发表的2枚来看,都是卑路斯时期所铸[4](图七一)。

(四) 1970年洛阳关林118号唐墓出土萨珊玻璃瓶1件

高11、最大腹径11.5厘米,翠绿色透明,外有很厚的风化层,呈金黄色。细颈,球腹,圜底微内凹[5](图七二)。此种是罗

图七〇 洛阳龙门唐安菩墓出土东罗马金币

图七一 洛阳北邙山30号唐墓出土波斯萨珊银币

图七二 洛阳关林118号唐墓出土萨珊玻璃瓶

---

[1] 中国文物交流中心《中国の金・銀・ガラス展——正倉院の故郷》图版65。
[2] 洛阳市文物工作队《洛阳龙门唐安菩夫妇墓》,《中原文物》1982年3期,页21。
[3] 赵国璧《洛阳发现的波斯萨珊王朝银币》,《文物》1960年8、9期,页94。
[4] 夏鼐《中国最近发现的波斯萨珊朝银币》,《考古学报》1957年2期,页60,收入《考古学论文集》页127。
[5] 洛阳文物工作队《洛阳出土文物集粹》页98,朝华出版社,1990年。

马后期至伊斯兰初期在叙利亚海岸流行的香水瓶。118号唐墓的玻璃瓶,经化验为钠钙玻璃,含镁钾较高,是萨珊玻璃[1]。

洛阳在东汉时期是对外交往的中心。洛阳作为西晋的都城的时间虽短,却也吸引着周边邻国的人士。1931年在洛阳汉魏故城发现的"大晋龙兴皇帝三临辟雍碑"记载,西晋泰始六年(公元270年)时,来洛阳留学的学生,"东越于海,西及流沙",多达一万余人。在碑阴题名中有不少西域的"散生"[2]。北魏太和十八年(公元494年)从平城迁都洛阳以后,外国侨民和周边的少数民族居住在洛阳城南的,有一万余家。杨衒之《洛阳伽蓝记》卷三载:

> 永桥以南,圜丘以北,伊洛之间,夹御道,东有四夷馆,一曰金陵,二曰燕然,三曰扶桑,四曰崦嵫。道西有四夷里,一曰归正,二曰归德,三曰慕化,四曰慕义。吴人投国者,处金陵馆,三年已后,赐宅归正里。……北夷来附者,处燕然馆,三年已后,赐宅归德里。……北夷酋长遣子入侍者,常秋来春去,避中国之热,时人谓之雁臣。东夷来附者,处扶桑馆,赐宅慕化里。西夷来附者,处崦嵫馆,赐宅慕义里。自葱岭已西,至于大秦,百国千城,莫不款附。商胡贩客,日奔塞下,所谓尽天地之区矣。乐中国土风因而宅者,不可胜数,是以附化之民,万有余家。门巷修整,阊阖填列,青槐荫陌,绿柳垂庭。天下难得之货,咸悉在焉。[3]

隋大业十一年(公元615年)春正月,大宴各国使臣于洛阳。《隋书·炀帝纪》云:"十一年春正月甲午朔,大宴百僚。突厥、新罗、靺鞨、毕大辞、诃咄、传越、乌那曷、波腊、吐火罗、俱虑建、忽论、诃多、沛汗、龟兹、疏勒、于阗、安国、曹国、何国、穆国、毕、衣密、失范延、伽折、契丹等国,并遣使朝贡……乙卯,大会蛮夷,设鱼龙曼延之乐,颁赐各有差。"[4]每年正月招待来朝的外国诸蕃,自大业六年(公元610年)以来成为定制,场面之大,耗资之钜,令人惊叹。《资治通鉴》卷一八一有详细记载:

> 六年春正月……帝以诸蕃酋长毕集洛阳,丁丑,于端门街(胡三省注:洛阳皇城端门外之街)盛陈百戏,戏场周围五千步,执丝竹者万八千人,声闻数十里,自昏至旦,灯光火烛天地,终月而罢,所费巨万,自是岁以为常。诸蕃请入丰都

---

[1] 安家瑶《中国的早期玻璃器皿》,《考古学报》1984年4期,页413。
[2] 余嘉锡《晋辟雍碑考证》,收入《余嘉锡论学杂著》页133,中华书局,1963年。
[3] 杨衒之撰、周祖谟校释《洛阳伽蓝记校释》页114~117,中华书局,2010年。
[4] 魏徵等《隋书》页88,中华书局,1982年。

图七三　陕县刘家渠隋刘伟夫妇墓出土波斯萨珊银币

市交易（胡注：东都东市曰丰都，南市曰大同，北市曰通远），帝许之，先命整饰店肆，檐宇如一，盛设帷帐，珍货充积，人物华盛，卖菜者亦藉以龙须席（胡注：龙须席以龙须草织成，今淮上安庆府居人多能织龙须席），胡客或过酒食店，悉令邀延就坐，醉饱而散，不取其值，绐之曰："中国丰饶，酒食例不取值。"胡客皆惊叹。其黠者颇觉之，见以缯帛缠树，曰："中国亦有贫者，衣不盖形，何如以此物与之，缠树何为？"市人惭不能答。[1]

从隋炀帝的奢夸中反映当时洛阳确是一国际都会。唐代在安史之乱（天宝十四年，公元755年）以前，洛阳有东南漕米之利，经济繁荣，皇帝经常住洛阳，胡商也多集于东都。长安与洛阳之间的官道，官商行旅，络绎不绝。地处两京之间的陕县，也发现了波斯萨珊银币。1956年在陕县刘家渠隋开皇三年（公元584年）刘伟夫妇合葬墓出土库思老一世银币2枚，直径3厘米，重3.9～4克[2]（图七三）。

北朝时期在河北景县封氏墓地、磁县东魏茹茹公主闾氏墓和赞皇东魏李希宗墓，都曾出土过外国遗物。这些外国遗物可能是从河西走廊至长安或洛阳，然后再输至河北的；也可能是从中国北部的草原丝绸之路（详本文第四节）传入的，以前者的可能性为大。

（五）河北景县北魏封氏墓地出土的罗马玻璃碗

原出4件，现只存2件[3]。封魔奴墓出土的玻璃碗，高4.4、口径11.4、底径4.5厘米。绿色透明，风化层呈金黄色，凹凸不平，有彩斑。直口，圆唇，腹部有细弦纹一道，矮圈足，底部有疵痕（图七四）。封魔奴卒于北魏太和七年（公元483年），正光二年

---

[1] 司马光编著、胡三省音注《资治通鉴》页5648、5649，中华书局，1976年。
[2] 黄河水库考古工作队《一九五六年河南陕县刘家渠汉唐墓葬发掘简报》，《考古通讯》1957年4期，页9。
[3] 张季《河北景县封氏墓群调查记》，《考古通讯》1957年3期，页28。

图七四　河北景县北魏封魔奴墓出土玻璃碗

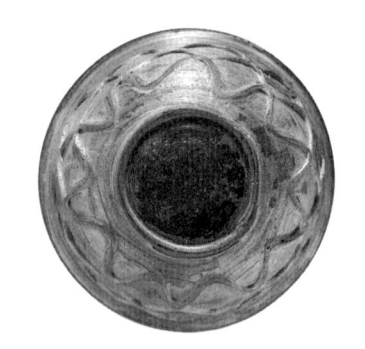

图七五　河北景县北魏祖氏墓出土玻璃碗

(公元521年)葬于景县。祖氏墓出土的玻璃碗,高6.7、口径10.3、底径4.6厘米。淡绿色。圆唇,腹部缠贴三条波浪纹组成的网目纹,底部以玻璃条做成矮圈足,底上有疤痕[1](图七五)。祖氏墓下葬年代不详。封氏墓地所出的这两件玻璃碗,经化验均为钠钙玻璃,与罗马玻璃的组成相符。

(六) 河北磁县东魏茹茹公主闾氏墓出土的拜占庭金币

1978年9月发掘,出土拜占庭金币两枚(图七六),一为阿那斯塔修斯一世所铸,直径1.6厘米,重2.7克,已被剪边。另一为查士丁一世所铸,直径1.8厘米,重3.2克[2]。茹茹公主葬于东魏武定八年(公元550年),上距查士丁一世铸金币才二三十年,流通之快,可以想见。

图七六　河北磁县东魏茹茹公主墓出土拜占庭金币

1.阿那斯塔修斯一世金币　2.查士丁一世金币

---

[1] 安家瑶《中国的早期玻璃器皿》,《考古学报》1984年4期,页413;又可参见范世民、周宝中《网纹玻璃杯考略》,《文物》1982年8期,页67。

[2] 磁县文化馆《河北磁县东魏茹茹公主墓发掘简报》,《文物》1984年4期,页1。

（七）河北赞皇东魏李希宗及其妻崔氏墓出土的波纹银碗、银戒指和拜占庭金币[1]

1976年10月发掘。波纹银碗1件，浅腹，圈足，碗口内饰一周联珠纹，碗内底有一高浮雕六瓣莲纹，莲纹外又饰联珠纹两周，碗壁作曲线水波纹（图七七，1）。齐东方认为是与萨珊有密切关系的银器[2]。鎏金银戒指1枚，直径1.7厘米，重11.75克，戒面上嵌蓝灰色青金石，凹刻一鹿纹，为崔氏佩戴之首饰（图七七，2）。拜占庭金币3枚（图七八），狄奥多西斯二世（Theodosius Ⅱ，公元408～450年）1枚，直径2.1厘米，重3.6克。查士丁一世舅甥共治时所铸金币2枚，1枚直径1.68厘米，重2.49克；1枚直径1.7厘米，重2.6克。均被剪边[3]。李希宗葬于武定三年（公元545年），崔氏葬于武定七年（公元549年）。

图七七　河北赞皇东魏李希宗墓出土波纹银碗和银戒指
1. 波纹银碗　2. 银戒指

图七八　河北赞皇东魏李希宗墓出土拜占庭金币
1. 狄奥多西斯二世金币　2、3. 查士丁一世舅甥共治时期金币

---

[1] 石家庄地区革委会文化局文物发掘组《河北赞皇东魏李希宗墓》，《考古》1977年6期，页382。
[2] 齐东方《中国古代金银器皿与波斯萨珊王朝》，《伊朗学在中国学术讨论会论文集》页51。
[3] 夏鼐《赞皇李希宗墓出土的拜占廷金币》，《考古》1977年6期，页403。

图七九　太原金胜村5号唐墓出土波斯萨珊银币

（八）山西太原及其以东的寿阳发现的外国遗物

太原金胜村5号唐墓出土库思老二世银币1枚，直径2.9厘米，重3.7克（图七九）。正面圆框外右角上有鸟形戳记，是阿拉伯帝国初期东部各省加盖的戳记。约是公元6世纪末埋入墓中的[1]。1973年在寿阳发掘的北齐库狄回洛墓中曾出土1件阴刻走狮纹的玛瑙带饰，显系西方风格（图八〇）。库狄回洛葬于北齐河清元年（公元562年）[2]。

图八〇　寿阳北齐库狄回洛墓出土走狮纹玛瑙带饰

太原为唐北都，从长安和洛阳都有官道通太原。一路从长安东下蒲津渡，北经绛州（新绛）、晋州（临汾）至太原；另一路从洛阳由孟津渡河，北经怀州（沁阳）、泽州（晋城）、潞州（长治）而达太原。太原唐墓所出萨珊银币，由河西经长安或洛阳输入太原的可能性为大。

四

中国北部广阔的草原地带，自古以来便是游牧民族栖息畋猎之地。游牧民族移动频繁，逐水草而居，文化交流虽非其初衷，然客观上仍起到了传播的作用。东起大兴安岭，西至黑海，从公元前10世纪至前3世纪的春秋战国时代，游牧民族便在这片横贯欧亚大陆的草原上活动，中国的丝绸早在此时已通过游牧民族从东方传向西方。

公元前2世纪汉武帝时代，改变了通向西方的交通路线，迫使匈奴北退，打通河西走廊孔道，把通向西方的道路从不固定的北方草原游牧路线南移至沙漠路线。西

---

[1]　山西省文物管理委员会《太原南郊金胜村唐墓》，《考古》1959年9期，页473。
[2]　王克林《北齐库狄回洛墓》，《考古学报》1979年3期，页377；宿白《中国境内发现的中亚与西亚遗物》，《中国大百科全书·考古学卷》页677。

汉初期中国北方的形势主要是与匈奴相争夺,故从中原通向北方的南北向的交通占主要位置。但是,中国北方的东西向草原路线并未消失。秦汉以来修建的长城边塞,西起临洮(甘肃岷县),东至辽东(辽宁宽甸),这虽是为防御匈奴所筑,但在客观上却形成了贯通北方东西交通的基础。公元4世纪北朝时期,北方草原上的东西交通日益重要,迨至北魏前期(约公元5世纪),以平城(山西大同)为中心,西接伊吾(新疆哈密),东至辽东(辽宁辽阳),逐渐形成一条贯穿中国北方的东西国际交通路线。

北魏通西域是从拓跋焘开始的[1]。当时北魏通西域有两条路线:一条是从平城沿毛乌素沙地东南缘,经统万城(陕西靖边县)、灵州达姑臧(凉州,今武威);或更往南走秦州(天水)、金城(兰州)而至姑臧,然后进入河西走廊[2]。这条路线因赫连氏夏和沮渠氏北凉政权的存在,多有阻隔。北魏平夏与北凉后,始打通此路。另一条路线是沿平城北面的六镇防线,西过居延(今内蒙古额济纳旗),直抵伊吾。为了使这条路线通行,北魏在神䴥二年(公元429年)和太平真君十年(公元449年),两次击退北方柔然的阻扰[3],控制伊吾,保证了北方草原丝绸之路的畅通。它比稍南的鄂尔多斯沙漠东南缘的路线更为安全,因此,这条路线从公元4世纪开始,一直到公元11世纪,成为东北亚的国际交通路线,对中国、朝鲜和日本与西方的文化交流有极重要的作用。下面将着重谈中国北方草原丝绸之路。

公元5世纪前半叶,北魏于其北边设六镇,西起内蒙古自治区之乌拉特前旗,东抵河北省之张北县,自西向东依次为沃野镇(乌拉特前旗乌梁素海之北)、怀朔镇(固阳县北白灵淖城圐圙村古城)、武川镇(武川县乌兰不浪土城梁)、抚冥镇(四子王旗乌兰花土城)、柔玄镇(察哈尔右旗白音察干古城)、怀荒镇(河北省张北县境内)[4]。六镇之间有道路相通。太和十八年(公元494年)八月,北魏孝文帝巡视六镇,据《魏书·高祖纪》所载之行程为:

---

[1] 韩国磬《北魏拓跋焘的经营西域》,《北朝研究》1989年1期,页22。

[2] 前田正名《北魏平城時代のオルドス砂漠南縁路》,《東洋史研究》31卷2号,收入《平城の歴史地理學的研究》页154～184"平城から西域に通じる交通路"一节,风间书房,昭和54年(1979年)。

[3] 《北史》卷九十八《蠕蠕传》:神䴥"二年四月,太武练兵于南郊,将袭大檀。……五月,次于沙漠南,……至栗水,大檀众西奔。……杀其人数百,大檀闻之震怖,将其族党,焚烧庐舍,绝迹西走,莫知所至。于是国落四散,窜伏山谷,畜产布野,无人收视。太武缘栗水西行,过汉将窦宪故垒。六月,车驾次于菟园水,去平城三千七百余里,分军搜讨,东至瀚海,西接张掖水,北度燕然山,东西五千余里,南北三千里。高车诸部杀大檀种类前后归降三十余万,俘获首虏及戎马百余万匹。……大檀部落衰弱,因发疾而死"。太平真君"十年正月,车驾北伐,……吐贺真新立,恐惧远遁。九月,车驾北伐,……吐贺真悉国精锐,军资甚盛。……数挑战辄不利,……弃辎重,蹫骛隆岭远遁。……收其人户、畜产百余万。自是,吐贺真遂单弱,远窜,边疆息警矣"。

[4] 关于北魏六镇的研究,可参阅严耕望《中国地方行政制度史》乙部《魏晋南北朝地方行政制度》下册,页692,第十一章"北魏军镇"中之"北边六镇",中研院史语所专刊之四十五,1990年。关于北魏六镇之遗迹,可参阅内蒙古文物工作队、包头市文物管理所《内蒙古白灵淖城圐圙北魏古城遗址调查与试掘》,《考古》1984年2期,页145;刘幻真《北魏怀朔镇寺庙遗址》,《包头文物资料》第二辑,页96,1991年;张郁《内蒙古大青山后东汉北魏古城遗址调查记》,《考古通讯》1958年3期,页14。

八月……甲辰(八月二日)，行幸阴山，观云川。丁未(八月五日)，幸阅武台，临观讲武。癸丑(八月十一日)，幸怀朔镇。己未(八月十七日)，幸武川镇。辛酉(八月十九日)，幸抚冥镇。甲子(八月二十二日)，幸柔玄镇。乙丑(八月二十三日)，南还。所过皆亲见高年，问民疾苦，贫窭孤老，赐以粟帛。[1]

孝文帝只巡视了六镇中之四镇，西起包头市北之固阳，东至白音察干，然后南下还平城。皇帝出行，仪仗车马甚众，十天之内约行四百公里，没有较好的道路是走不通的。这条路线便是贯通中国北方的草原丝绸之路的中段，大体上与秦汉长城的走向重合。其西段则连接沃野镇，沿今阿拉善盟北端至额济纳旗居延海，即汉代之居延塞，再向西穿甘肃之西北角而达新疆之哈密。其东段自怀荒镇至赤城，分南北两路，南路入居庸关，至幽州(北京)，经蓟州(蓟县)，出渝关(山海关)至龙城(汉柳城，前燕、后燕、北燕称和龙宫、龙城，北魏、隋唐之营州，辽金为霸州兴中府，今辽宁朝阳)。北路自赤城北上至濡源、御夷镇(独石口)，经今承德、平泉至龙城。南北两路皆会合于龙城，东经燕州(辽宁义县)至辽东(辽宁辽阳)。北魏前期诸帝东巡，平北燕攻龙城，均走上述之南北两路，事见《魏书》本纪，选录数条如下：

1. 太祖道武帝登国二年(公元387年)"冬十月癸卯，幸濡源。……十一月，遂幸赤城。十有二月，巡松漠，还幸牛川"。

2. 登国"三年春二月，帝东巡。夏四月，幸东赤城。……六月……渡弱洛水(潢水)。……秋七月……帝还赤城"。

3. 太宗永兴四年(公元412年)"秋七月己巳朔，东巡。……戊子，临去畿陂观渔。庚寅，至于濡源"。

4. 神瑞二年(公元415年)"夏四月……己卯，车驾北巡。五月丁亥，次于参合东，幸大宁。丁未，田于四岬山。六月戊午，幸去畿陂观渔。辛酉，次于濡源。……丁卯，幸赤城。……南次石亭，幸上谷。……壬申，幸涿鹿，登桥山，观温泉，使使者以太宰祠黄帝庙。至广宁，登历山，祭舜庙。秋七月，还宫"。

5. 泰常三年(公元418年)五月"壬子，车驾东巡，至于濡源及甘松。遣征东将军长孙道生、给事黄门侍郎奚观率精骑二万袭冯跋，又命骁骑将军延普自幽州北趋辽西为声势，帝自突门岭待之。道生至龙城，徙其民万余家而还。六月乙酉，车驾西返"。

6. 世祖延和元年(公元432年)"六月庚寅，车驾伐和龙。……秋七月己未，车驾至濡水。庚申，遣安东将军宜城公奚斤发幽州民及密云丁零万余人，运攻具，出

---

[1] 魏收《魏书》页174，中华书局，1974年。

南道,俱会和龙。帝至辽西……己巳,车驾至和龙,临其城。……九月乙卯,车驾西还。……冬十月癸酉,车驾至濡水。……十有一月乙巳,车驾至自伐和龙"[1]。

这条路线上的龙城,北魏平北燕后改称营州。营州在唐代尤其重要,不但是东北的军事重镇营州都督府所在,而且地当东西南北交会之枢纽,杂胡贸易之中心。辽代以后,上京(林东)、中京(宁城)、元之上都(正蓝旗多伦)先后兴起,东段路线逐渐移向北方,不必再进居庸关走南路,可迳自御夷镇北走多伦,东下宁城而至朝阳。

在这条贯通中国北方的草原丝绸之路上,近年陆续发现了许多外国遗物遗迹,兹由西向东叙述如下:

(一) 内蒙古土默特左旗毕克齐镇古墓出土的金冠饰、金戒指和拜占庭金币

1959年夏发现于毕克齐镇东北大青山下。出土有死者头上所戴之金冠饰片1件,长21、宽4厘米,重12.2克,略似弯月状;中央捶刻狮首,两侧对称,各刻一鳄鱼,显系西亚风格,两端及狮首下有四个圆孔(图八一)。嵌青金石金戒指2枚(图八二,

图八一 土默特左旗毕克齐镇古墓出土金冠饰

---

[1] 关于北魏前期诸帝东巡平北燕之地理考证,参阅严耕望《北朝隋唐东北塞外东西交通线》,见《唐代交通图考》第五卷,中研院史语所专刊之八十三,1986年。

图八二　土默特左旗毕克齐镇古墓出土金戒指和拜占庭金币

1. 金戒指　2. 拜占庭金币

1)，一件嵌紫色青金石；另一件嵌黑色青金石，上刻一人作挑物状，与固原李贤墓所出之青金石戒指相似。拜占庭金币1枚，直径1.4厘米，重2克，已被剪边，仅余中心部分，正面为王者半身像，背面雕胜利女神像，是东罗马皇帝列奥一世（Leo Ⅰ，公元457～474年）所铸（图八二，2）。同时出土的还有高圈足银杯2件，一件高9.2、口径9.4厘米；另一件高8、口径7.9厘米，腹部均有凸弦纹一周，与西安隋李静训墓所出之银杯相似（图八三）。在尸骨四周还出有牙签、刀鞘、牛骨、铜环等物。据发掘者推测："在尸骨旁没有发现棺椁等葬具的痕迹，或许是一个商队的商人暴死于路而加以掩埋的。"[1] 我认为毕克齐古墓掩埋的可能是一个外国商人，集东罗马、西亚、中亚之遗物于一墓之中，这是极罕见的墓葬。

图八三　土默特左旗毕克齐镇古墓出土高足银杯

（二）内蒙古呼和浩特市坝子村古城出土的波斯萨珊朝银币

坝子村古城，汪宇平认为是北魏之白道城[2]。1965年在古城内发现波斯萨珊朝银币4枚（图八四）。一枚为卡瓦德一世（Kavadh Ⅰ）复位后（公元499～531年）所铸，直径2.8厘米，重3.8克。另三枚皆铸于库思老一世，最大者直径3.2厘米，重3.8克[3]。

---

[1] 内蒙古文物工作队、内蒙古博物馆《呼和浩特市附近出土的外国金银币》，《考古》1975年3期，页182。

[2] 汪宇平《呼和浩特市北部地区与"白道"有关的文物古迹》，《内蒙古文物考古》第三期，页61，1984年。

[3] 汪宇平《呼和浩特市北部地区与"白道"有关的文物古迹》，《内蒙古文物考古》第三期，页61，1984年。

图八四　呼和浩特坝子村古城出土波斯萨珊银币
1. 库思老一世银币　2. 卡瓦德一世银币

（三）山西大同北魏遗址和墓葬出土的金银器、铜器和玻璃器

大同是北魏前期都城平城，为公元4至5世纪中国北方与西方交通之中心。近年在大同附近屡次发现西方遗物，共有四项：

1. 大同北魏封和突墓出土的萨珊鎏金银盘

封和突墓在大同市西5公里处的小站村花圪垯台，1981年9月发掘。墓中出土萨珊鎏金银盘1件，总高4.1、盘径18、圈足径4.5、圈足高1.4厘米（图八五）。盘内壁捶刻狩猎图，外绕弦纹三道。狩猎图一部分鎏金，中央站一伊朗脸型的中年猎者，络腮长胡，两手持矛，其身前身后有三头野猪在芦苇丛中。同出的还有银耳杯和高足银杯各1件[1]。夏鼐认为，此盘属萨珊"皇家银盘"，相当于萨珊美术中期的作品，即公元4世纪后半叶至5世纪末，或可认定是公元5世纪的[2]。马雍考证，狩猎图上的人物是萨珊第四代国王巴赫拉姆一世（Bahram Ⅰ，在位年代为公元273～276年）的肖像，此盘应作于巴赫拉姆一世在位时期，制成后由波斯传至龟兹或焉耆，最终为北魏所得[3]。封和突卒于景明二年（公元501年），葬于正始元年（公元504年）。公元5世纪前，波斯遣使北魏至平城共有五次[4]，也不能排除此盘是从波斯直接传至平城的。

图八五　大同北魏封和突墓出土鎏金银盘

---

[1] 大同市博物馆《大同市小站村花圪塔台北魏墓清理简报》，《文物》1983年8期，页1。
[2] 夏鼐《北魏封和突墓出土萨珊银盘考》，《文物》1983年8期，页5。
[3] 马雍《北魏封和突墓及其出土的波斯银盘》，《文物》1983年8期，页8。
[4] 波斯使北魏的五次时间为：文成帝太安元年（公元455年）、和平二年（公元461年）、献文帝天安元年（公元466年）、皇兴二年（公元468年）、孝文帝承明元年（公元476年），俱见《魏书》本纪。

图八六 大同南郊张女坟107号北魏墓出土萨珊玻璃碗和鎏金刻花银碗
1. 萨珊玻璃碗　2. 鎏金刻花银碗

2. 大同南郊北魏墓出土的萨珊玻璃碗和鎏金刻花银碗

1988年8月发现于大同南郊张女坟第107号北魏墓中。(1) 萨珊玻璃碗1件,高7.3、口径10.4、腹径11.3厘米(图八六,1)。淡绿色透明,直口,鼓腹,圜底,腹部有35个磨花椭圆形装饰,分四行交错排列,圜底上亦有6个磨花凹圆装饰。(2) 鎏金刻花银碗1件,高4.6、口径10.2厘米,敞口,圆腹,圜底(图八六,2)。口沿下饰两道联珠纹,腹外壁上以四束阿堪突斯(Acanthus)叶纹联成,每束叶纹中间的圆环内有一深目高鼻、长发披肩的男子头像,圜底上有八等分圆圈叶纹[1]。

3. 大同南郊北魏遗址出土的萨珊鎏金高足铜杯、八曲银杯和刻花银碗

1970年发现。共5件:(1) 鎏金高浮雕高足铜杯1件,高10.3、口径9.4、足径4.9厘米(图八七,1)。口沿下为一周八个高浮雕动物,腹部除有平雕的花叶纹外,还有高浮雕人物和人头像各四个。(2) 鎏金镶嵌高足铜杯1件,高9.8、口径11.2、足径6.8厘米(图八七,2)。口沿下有两周联珠纹,联珠纹之间有卷曲叶纹和镶嵌宝石,腹部竖立四组卷叶纹,卷叶纹间有高浮雕人物,其上镶嵌一周宝

---

[1] 山西省考古研究所、大同市博物馆《大同南郊北魏墓群发掘简报》,《文物》1992年8期,页1。萨珊玻璃碗尺寸,依中国文物交流中心所量数,见《中国の金・銀・ガラス展——正倉院の故郷》图版69。

图八七 大同南郊北魏遗址出土金银器
1. 鎏金高浮雕高足铜杯 2. 鎏金镶嵌高足铜杯 3. 鎏金圈足铜杯 4. 八曲银洗杯 5. 鎏金刻花银碗

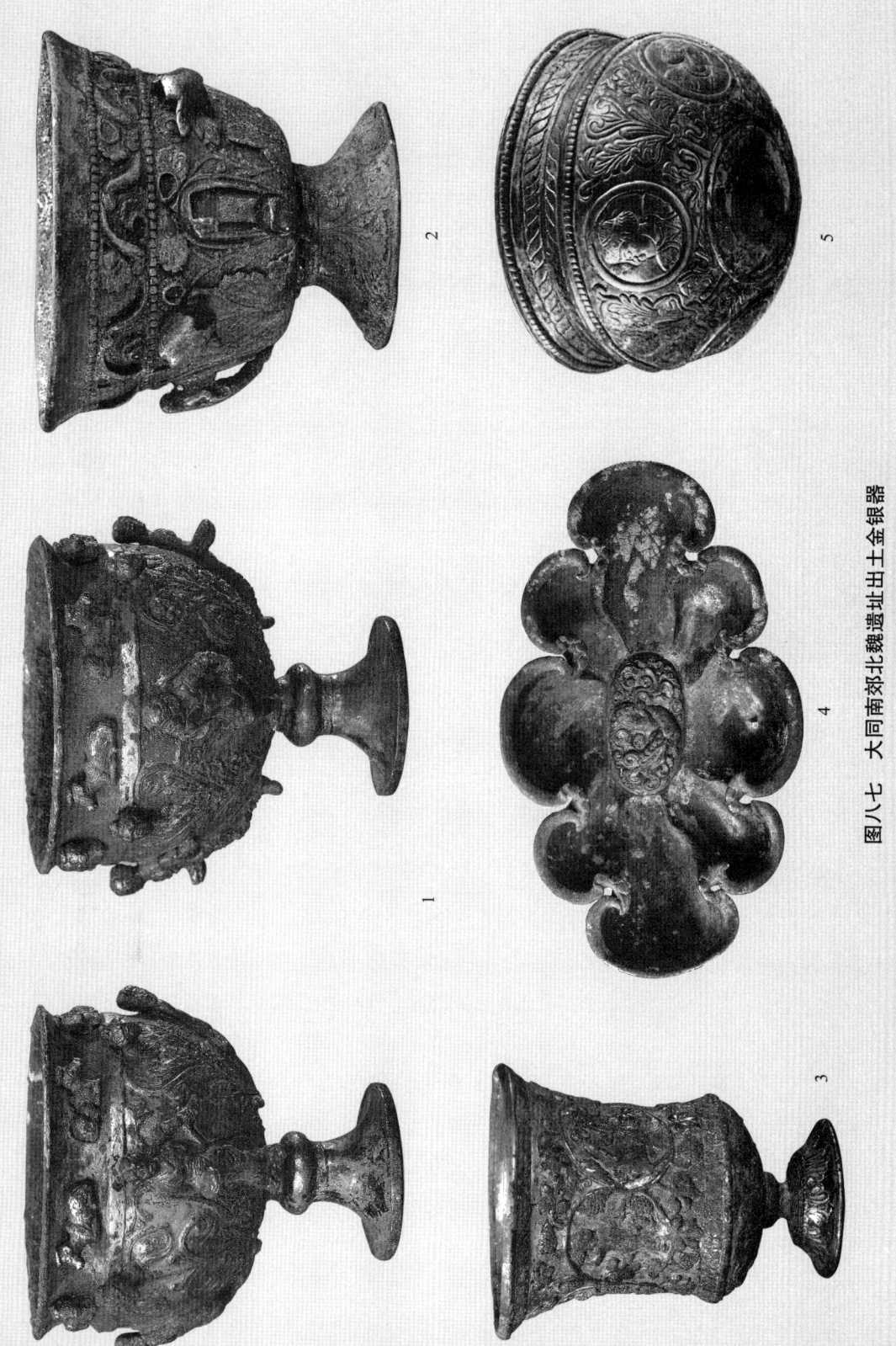

石。(3) 鎏金圈足铜杯1件，高11.5、口径9.6、足径5.4厘米(图八七，3)。侈口，筒形腹，腹外壁上饰卷枝葡萄纹，其间有攀枝童子五人。(4) 八曲银杯1件，高4.5、口径23.8×14.5厘米(图八七，4)。杯中心有椭圆形环，捶揲出两只嬉戏的海兽。圈足径7×4.5厘米，铜质，或系后来补配的。(5) 鎏金刻花银碗1件，高5、口径8.5厘米(图八七，5)。敞口，圆腹，圜底。口沿下有两周联珠纹，联珠纹之间有两条绚纹，腹部外壁上捶揲出四束阿堪突斯叶纹，间以四圆环，圆环内有戴帽子的深目高鼻的男子头像[1]。此碗与前述大同张女坟107号墓所出之鎏金刻花银碗，极为相似。

上述5件鎏金高足铜杯，八曲银杯和刻花银碗，均是波斯萨珊朝制品。孙培良认为，3件鎏金高足铜杯和鎏金刻花银碗，应是伊朗东北部呼罗珊(Khorasan)的制品，其制作年代不早于公元4世纪；八曲银杯很可能是公元5世纪中叶至5世纪末伊朗北部陀拔斯单(Tabarestan)的作品[2]。

在大同之东的天镇的一个窖藏中发现60余枚波斯萨珊银币(图八八)。在大同以南的朔州唐墓中也出土过1枚波斯萨珊银币。详情有待于正式报告之发表。

图八八　大同天镇窖藏出土波斯萨珊银币

（四）北京西晋华芳墓出土萨珊玻璃碗

1965年7月发现，出土时残碎不全[3]。经修复后得知，此碗高7.2、口径10.7厘米(图八九)。淡绿色透明。侈口，敛颈，球腹，圜底。腹部有十个椭圆形乳丁，列为一排，底部有七对微凸的钉足[4]。华芳是西晋幽州刺史王浚的妻子，葬于西晋永嘉元年(公元307年)，是中国境内发现的时代较早的波斯萨珊玻璃器。

（五）天津蓟县独乐寺白塔出土的伊斯兰刻花玻璃瓶

1983年在白塔上层塔室发现。瓶高26.4、口径7.8、颈高10.5厘米(图九〇)。无色透明。折沿，长颈，筒腹，平底。底部有粘棒疤痕。颈、肩部有矩形、菱形和弦纹，腹

---

[1] 出土文物展览工作组《"文化大革命"期间出土文物》第一辑，页149～152，文物出版社，1973年。
[2] 孙培良《略谈大同市南郊出土的几件银器和铜器》，《文物》1977年9期，页68。
[3] 北京市文物工作队《北京西郊西晋王浚妻华芳墓清理简报》，《文物》1965年12期，页21。
[4] 安家瑶《北周李贤墓出土的玻璃碗——萨珊玻璃器的发现与研究》，《考古》1986年2期，页173。

部刻弦纹[1]。此瓶之器形和刻花纹饰都与伊朗吉兰州、塞尔斯利曼（Serce Limani）沉船和乃沙卜尔出土的刻花水瓶相似，是伊斯兰玻璃器。上层塔室封闭于辽清宁四年（公元1058年），则此瓶之时代不得晚于公元11世纪中叶[2]。

（六）河北宽城出土的萨珊银壶

1984年宽城县大野峪村出土。高36.5厘米，短流，鼓腹，喇叭形高圈足，可能原来还有把手[3]（图九一）。是典型的中亚风格的"胡瓶"，时代约为公元7世纪的作品[4]。宽城地处燕山以北，在北方草原丝绸之路稍南。

图八九　北京西晋华芳墓出土萨珊玻璃碗 　　图九〇　蓟县独乐寺白塔出土伊斯兰刻花玻璃瓶 　　图九一　河北宽城出土萨珊银壶

（七）辽宁朝阳出土的萨珊和伊斯兰玻璃器

1. 朝阳北塔天宫出土的萨珊玻璃瓶

1988年11月发现。瓶高16、腹径8.5厘米（图九二）。淡绿色透明。瓶口有流，上盖鸟形金盖，柄上三短柱似鸟尾，瓶上部造型如一只昂首蹲坐的鸟，下有圈足。瓶内底部再立一长颈小瓶。形制奇特，为萨珊玻璃器中之精品[5]。此塔天宫封藏年代为辽重

---

[1] 天津市博物馆考古队、蓟县文物保管所《天津蓟县独乐寺塔》，《考古学报》1989年1期，页83。
[2] 安家瑶《北周李贤墓出土的玻璃碗——萨珊玻璃器的发现与研究》，《考古》1986年2期，页173。
[3] 宽城县文物保护管理所《河北宽城出土两件唐代银器》，《考古》1985年9期，页857。
[4] 宿白《中国古代金银器和玻璃器》，《中国文物报》第280、281期，1992年4月26日、5月3日。此文的日文版发表于《中国の金・銀・ガラス展——正倉院の故郷》一书。
[5] 朝阳北塔考古勘察队《辽宁朝阳北塔天宫地宫清理简报》，《文物》1992年7期，页1。

熙十二年（公元1043年），则此瓶当为公元11世纪上半叶之作品。

2. 朝阳辽耿延毅墓出土的伊斯兰玻璃器

1975年9月发现，共2件[1]：（1）绿色玻璃把杯1件，高10.2、口径8.2、底径5厘米（图九三，1）。深绿色透明。直口，圆筒颈，广肩，腹部急收而出假圈足，口与肩部连一扁圆把手，把上端立一短柱。这是伊斯兰玻璃器的特征，伊朗高原戈尔甘曾出土类似的伊斯兰玻璃把杯。（2）黄色玻璃盘1件，高4.4～5.4、口径18.8、底径7.4厘米（图九三，2）。淡黄色透明。叠沿外卷，腹壁陡直，凹底，里底凸起。腹外壁有似柳筐编纹的暗花。亦应是伊朗高原的伊斯兰玻璃器[2]。耿延毅夫妇葬于辽开泰八年（公元1019年），则此两件伊斯兰玻璃器的制作年代是公元11世纪初。

图九二　朝阳北塔天宫出土萨珊玻璃瓶

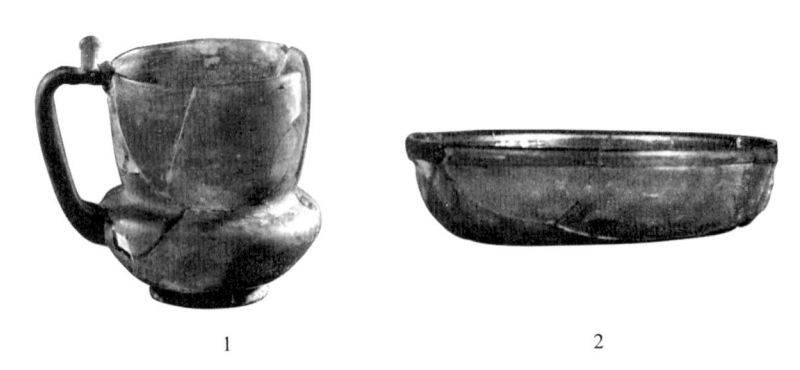

图九三　朝阳辽耿延毅墓出土玻璃器
1. 绿色玻璃把杯　2. 黄色玻璃盘

（八）辽宁北票北燕冯素弗墓出土的罗马玻璃器

1965年9月发现，共4件[3]：（1）鸭形器1件，长20.5、腹径5.2厘米（图九四，1）。淡绿色透明，外有一层白色风化层，并呈蓝紫色虹彩。横长身，口作张开的鸭嘴形，长颈，鼓腹，尾部细长。颈、腹部用玻璃条盘卷装饰，颈部饰三角纹，背上粘出双翅，腹下粘出双足，腹底粘一个平整的玻璃饼，使整器放置平稳。造型奇特罕见，与公元

---

[1] 朝阳地区博物馆《辽宁朝阳姑营子辽耿氏墓发掘报告》，《考古学集刊》第3辑，页168，1983年。
[2] 安家瑶《中国的早期玻璃器皿》，《考古学报》1984年4期，页413。
[3] 黎瑶渤《辽宁北票县西官营子北燕冯素弗墓》，《文物》1973年3期，页2。

·考古学上所见中国境内的丝绸之路·

图九四　辽宁北票北燕冯素弗墓出土玻璃器
1. 鸭形玻璃器　2. 玻璃碗　3. 玻璃杯　4. 玻璃钵

1至2世纪地中海地区流行的鸟形玻璃器颇相似，也与阿富汗伯格拉姆遗址发现的公元2至3世纪的罗马玻璃鱼形器相似。(2) 玻璃碗1件，高4.3、口径13厘米（图九四，2）。淡绿色透明。口微向内卷沿，底用玻璃条粘圈足，有粘棒疤痕。(3) 玻璃杯1件，高8.8、口径9.3厘米（图九四，3）。深翠绿色透明，质地纯净，色泽鲜丽。侈口，凹底，底部有疤痕。(4) 玻璃钵1件，实际上是深腹玻璃碗，高8.7、口径9.5厘米（图九四，4）。淡绿色透明。口沿内卷，圜底。另有一残破的玻璃高圈足，当是高足杯，为罗马玻璃器中常见之器物[1]。冯素弗为北燕之贵族，卒于北燕太平七年（公元415年），以他在当时的社会地位，能够获得多件来自远方地中海地区的罗马玻璃器，是不足为怪的，但这必须是在中西交通畅通的前提下才能实现的，说明公元5世纪初中国北方草原丝绸之路是很通顺的。

（九）内蒙古昭盟敖汉旗李家营子出土的鎏金银器

1975年春发现。1号墓出土金银器5件：(1) 鎏金银壶1件，高28厘米（图九五，1）。柄部和口沿相接处饰一鎏金人头像，深目高鼻，有髭；腹下有高圈足，圈足底边饰一周联珠纹。(2) 鎏金银盘1件，高4、口径18厘米（图九五，2）。盘心捶刻一猞猁

---

[1] 安家瑶《中国的早期玻璃器皿》，《考古学报》1984年4期，页413。

图九五　敖汉旗李家营子1号墓出土鎏金银器
1. 鎏金银壶　2. 鎏金银盘　3. 椭圆形银杯　4. 小银壶

状兽纹，盘口和盘心兽纹鎏金。盘下有圈足。(3) 椭圆形银杯1件，口长18.5厘米（图九五，3）。下原有圈足已缺失。(4) 小银壶1件，高11.2、口径6.5厘米（图九五，4）。侈口，颈腹间有一周凸起的棱线，棱线下的腹部上安一把手，把手上端有圆饼状鋬手。(5) 银勺1件。这些银器都有很明显的使用痕迹。2号墓与1号墓相距不远，出有金带饰、金镯等。发掘者推测是一处年代较早的辽代墓地[1]。夏鼐认为是萨珊银器，约为公元8世纪前半叶的作品[2]。齐东方认为是粟特银器[3]。孙机则认为是突厥银器[4]。

（十）内蒙古哲盟奈曼旗辽陈国公主墓出土的玻璃器

1986年6月发现。共出土伊斯兰和拜占庭玻璃器7件[5]：(1) 伊斯兰带把玻璃杯2件，一件高11.6、口径8.4、底径5厘米（图九六，4）。深棕色透明。敛口，筒颈，鼓腹，假圈足。口沿与腹部连接把手，把手上端有圆饼状鋬手。外底部有粘棒疤痕。另一件残。(2) 伊斯兰刻花玻璃瓶1件，高25.2、底径9.8厘米（图九六，

---

[1]　敖汉旗文化馆《敖汉旗李家营子出土的金银器》，《考古》1978年2期，页117。
[2]　夏鼐《近年中国出土的萨珊朝文物》，《考古》1978年2期，页111。
[3]　齐东方《李家营子出土的粟特银器与草原丝绸之路》，《北京大学学报（哲学社会科学版）》1992年2期，页35。
[4]　孙机《论近年内蒙古出土的突厥与突厥式金银器》，《文物》1993年8期，页48。
[5]　内蒙古自治区文物考古研究所、哲里木盟博物馆《辽陈国公主墓》，文物出版社，1993年；《简报》见《文物》1987年11期。

•考古学上所见中国境内的丝绸之路•

图九六　奈曼旗辽陈国公主墓出土玻璃器
1.刻花玻璃瓶　2.高颈玻璃水瓶　3.乳丁纹玻璃瓶　4.带把玻璃杯　5.刻花玻璃盘

1)。无色透明。折沿,长颈,筒腹,平底,外底部有粘棒疤痕。颈、腹部磨刻几何形花纹。(3) 伊斯兰高颈玻璃水瓶2件,高约28、口径8.5厘米(图九六,2)。淡黄色透明,含较多气泡。侈口长颈,鼓腹,底内凹。口沿处压印五个椭圆同心圆作装饰,颈部有两道弦纹。外底部有粘棒疤痕。此种高颈玻璃水瓶,当是中亚的伊斯兰玻璃产品。(4) 乳丁纹玻璃瓶1件,高17、口径6、底径8.8厘米(图九六,3)。无色透明。侈口,漏斗形长颈,鼓腹,喇叭状圈足。腹部饰五排小乳丁纹,口沿与腹间有花式镂空把手。此瓶氧化钠的含量高达20.6%,可能是埃及或叙利亚的产品。(5) 拜占庭刻花玻璃盘1件,高6.8、口径25.5、底径10厘米(图九六,5)。无色透明。敞口,弧腹,圈足。腹外壁刻有一周28个四棱小锥装饰,这些小棱锥和底部的圈足都是用砂轮打磨而成的。它可能是公元10或11世纪初拜占庭的玻璃器,是世界上罕见的珍品[1]。陈国公主与驸马萧绍矩葬于辽开泰七年(公元1018年),有这许多伊斯兰和拜占庭玻璃器随葬,反映公元10世纪末辽与西方的交往已十分密切。

在这条路线稍南,发现外国遗物的地点还有河北省定县。我认为定县与这条路线关系密切。兹述其发现如下:

(十一)定县北魏塔基出土的波斯萨珊银币

1964年12月发现,共出41枚,一般直径约2.69～3.19厘米,重3.59～4.29克[2](图九七)。其中有4枚为耶斯提泽德二世(公元438～457年)的,有37枚为卑路斯(公元457～483年)的。在一枚耶斯提泽德二世的银币上印压有嚈哒文,是嚈哒允许波斯银币在其国境内流通的标记[3]。定县北魏塔是太和五年(公元481年)孝文帝东巡时敕建的,塔基中埋藏了许多金银器、铜器、玻璃器和珠玉珍宝等物,有些珍宝包括波斯萨珊银币在内,很可能是平城宫中所藏,今虽出土于定县,实是当年平城之物。

图九七 定县北魏塔基出土波斯萨珊银币
1. 耶斯提泽德二世银币　2、3. 卑路斯银币

---

[1] 安家瑶《试探中国近年出土的伊斯兰早期玻璃器》,《考古》1990年12期,页1116。
[2] 河北省文化局文物工作队《河北定县出土北魏石函》,《考古》1966年5期,页252。
[3] 夏鼐《河北定县塔基舍利函中波斯萨珊朝银币》,《考古》1966年5期,页267。

(十二) 定县北宋静志寺塔基出土的伊斯兰玻璃器

1969年5月发现，共出土伊斯兰玻璃器8件[1]。由于发表资料不全，只能根据安家瑶的研究记录[2]叙述。(1) 刻花玻璃瓶1件（图九八，1）。无色透明，泛淡蓝色。细颈，折肩，筒腹，平底。颈、腹和底部都刻有几何形花纹。这是典型的公元10世纪的伊斯兰刻花水瓶，在奈曼旗的陈国公主墓和蓟县独乐寺白塔中都曾发现过此类瓶。(2) 深蓝大腹玻璃瓶1件，高17.7、腹径9.8厘米（图九八，3）。深蓝色透明。细颈，长球形腹，圜底，造型奇特。此类玻璃瓶在伊朗乃沙卜

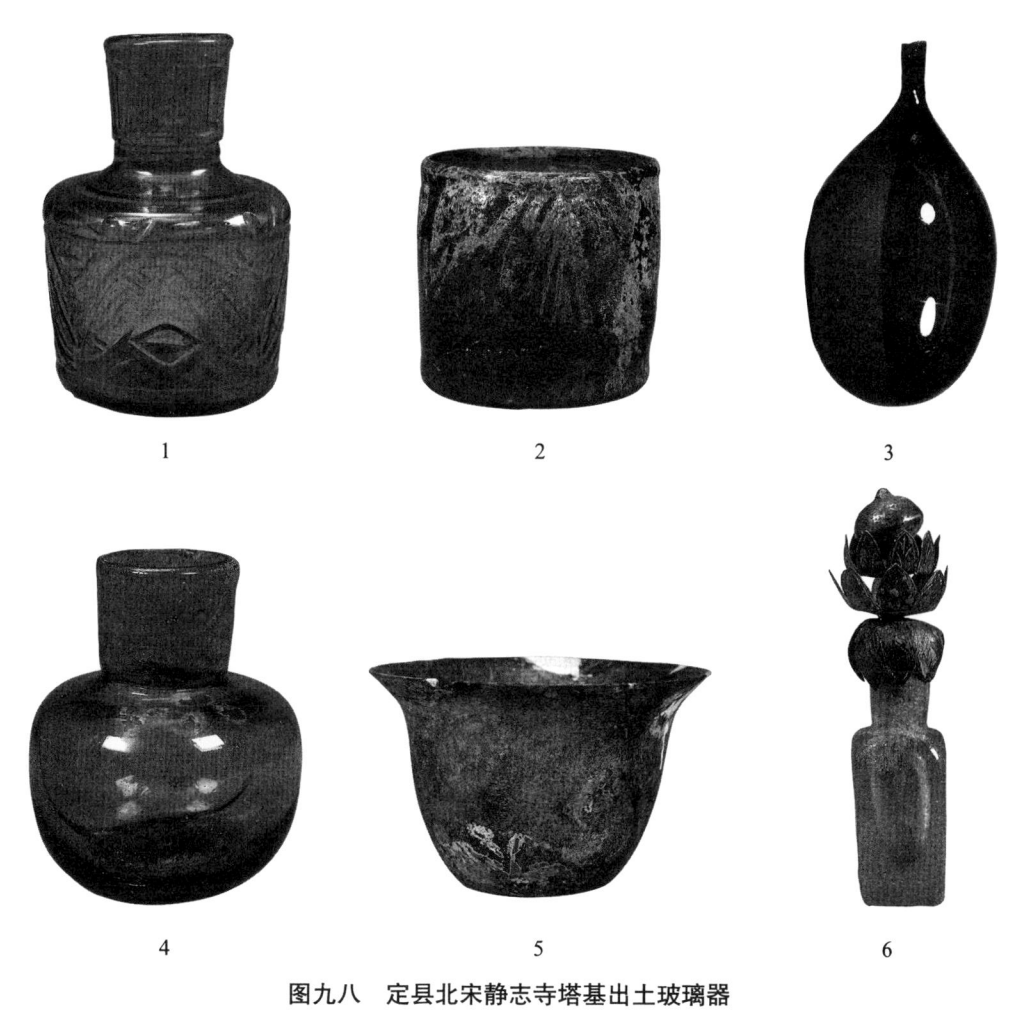

图九八 定县北宋静志寺塔基出土玻璃器
1. 刻花玻璃瓶 2. 直筒玻璃杯 3. 深蓝大腹玻璃瓶 4. 直颈玻璃瓶 5. 圈足侈口碗 6. 方形瓶

---

[1] 定县博物馆《河北定县发现两座宋代塔基》，《文物》1972年8期，页39。
[2] 安家瑶《中国的早期玻璃器皿》，《考古学报》1984年4期，页413。

尔遗址多次发现。(3) 直筒玻璃杯2件，高8厘米(图九八，2)。蓝色透明。直口圆唇，平底，外底有粘棒疤痕。伊朗戈尔甘遗址曾出土过类似的器物。(4) 直颈玻璃瓶2件，高7.2厘米(图九八，4)。无色透明，泛淡黄绿色。直颈，折肩，鼓腹，外底部有粘棒疤痕[1]。除上述6件外，还有1件圈足侈口碗和1件方形瓶(图九八，5、6)，也可能是伊斯兰玻璃器。此塔基埋藏于北宋太平兴国二年(公元977年)。这些伊斯兰玻璃器，很可能是建塔时从与其接壤的辽国输入的。

中国北方草原丝绸之路，考古学的发现说明它从公元前便已开始了，公元4～5世纪形成了在中国境内的这条路线。北魏迁洛阳以前，平城是当时的首都，它与东段的龙城东西相望，是中国北方草原丝绸之路上的两颗明珠，大同、朝阳(包括北票)的重要发现，充分说明了这一历史实况。北魏太和十七年(公元493年)迁都洛阳以后，政治中心南移，河西走廊基本上已由北魏控制。其后，平城衰落，六镇叛乱(正光四年，公元523年)，北方草原丝绸之路亦较前为之萧条。隋唐时期，着力经营河西至西域的主干道。北方草原丝绸之路重点在东西两端，东端为中原通东北辽东道，以营州为中心。西端为中原通回纥(和林)道，即《新唐书·地理志》中贾耽所记入四夷之第四路"中受降城入回纥道"，从今内蒙古包头西北行，走鸊鹈泉(今内蒙古乌拉特后旗东北乌尼乌苏附近)道，此为西端之主道。另有自居延出花门堡道和北庭出特罗堡道为辅道[2]。东西两端尤以东端之营州最为繁盛，朝阳新发现的唐前期墓中之东罗马金币和石雕胡俑[3](图九九、图一〇〇)，可以为证。

考古学的发现还说明，中国北方草原丝绸之路的第二个繁荣时期是公元10世纪末至11世纪的辽代。河北定县北宋塔基、蓟县独乐寺白塔、朝阳北塔天宫和辽耿延毅墓、奈曼旗辽陈国公主墓发现的伊斯兰玻璃器，以及敖汉旗李家营子辽墓发现的萨珊或粟特银器，充分反映着辽与中亚和阿拉伯(大食)的密切关系。

辽与中亚和西亚的交往，其中间媒介是回鹘。回鹘西迁后分为三个部分：一是甘州回鹘，与辽关系不好，公元11世纪初为西夏所灭；二是敦煌沙州回鹘，与宋、辽关系都好；三是高昌回鹘，亦称西州或和州回鹘，与辽关系密切，它以新疆之高昌(吐鲁番)和北庭(吉木萨尔)为冬、夏二宫，西有龟兹和焉耆，东有伊州(哈

---

[1] 深蓝色大腹瓶、直筒杯和直颈瓶，均著录于《中国の金银ガラス展——正仓院の故乡》一书中。
[2] 参阅严耕望《唐通回纥之道》，见《唐代交通图考》第二卷，页607～636。
[3] 此枚东罗马金币，重4.4克，直径2厘米，希拉克略(公元610～641年)时期所铸，承辽宁省文物考古研究所所长辛占山先生函告。石雕胡俑出土时，作者正在朝阳(1993年6月)，目睹其出土情况，见贾宗梁《朝阳双塔区勘探发现一大型唐墓》，《中国文物报》1993年8月29日第1版。

图九九　朝阳唐墓出土东罗马金币　　图一○○　朝阳唐墓出土石雕胡俑

密)。《辽史·属国表》所记之回鹘、和州回鹘，均是高昌回鹘。另有阿萨兰回鹘，或说是高昌回鹘，因高昌回鹘的可汗素用突厥语的称号——阿萨兰汗或阿斯兰汗(意为狮子王)之故。但阿萨兰回鹘是否即是高昌回鹘，目前尚有异议。魏良弢和程溯洛以为阿萨兰回鹘是喀喇汗王朝(又称黑汗王朝或黑韩王朝)[1]。喀喇汗王朝领有今新疆疏勒、喀什以及中亚之费尔干纳和塔什干诸地。从《辽史·属国表》列辽建国以来回鹘、波斯、大食、于阗等来贡的记录得知：沙州回鹘来贡三次；高昌回鹘来贡三十六次，有时一年来三次或两次；阿萨兰回鹘来贡十六次；波斯来贡一次；大食来贡三次；于阗来贡五次。其中沙州回鹘于统和二十四年(公元1006年)六月，"遣使进大食马及美玉"，说明回鹘确实曾贩运大食物品至辽。高昌回鹘在新疆东北部，为中西交通之要冲，与辽之关系最好，早在会同七年(公元944年)便向辽请婚，一直到天祚帝辽将覆亡前，高昌回鹘仍遣使来贡。保大三年(公元1123年)耶律大石西征，假道回鹘，遗书回鹘王毕勒哥云："与尔国非一日之好也。今我将西至大食，假道尔国，其勿致疑。"毕勒哥得书，"即迎至邸，

---

[1] 魏良弢《喀喇汗王朝与宋、辽及高昌回鹘的关系》，《中亚学刊》第1辑，页212，中华书局，1983年；程溯洛《论辽金与回鹘的关系》，《辽金史论集》第1辑，页79，上海古籍出版社，1987年。

大宴三日，临行，献马六百，驼百，羊三千，愿质子孙为附庸，送至境外"[1]。高昌回鹘与辽的关系一百年来始终不断，直到最后还助西辽往大食。平时贸易往来之密切是可想而知的。阿萨兰回鹘与宋、辽都有关系。统和十四年（公元996年）十一月"阿萨兰回鹘遣使为子求婚，不许"。但在重熙十六年（公元1047年）十二月，"阿萨兰回鹘王以公主生子，遣使来告"。可见后来辽与阿萨兰回鹘还是结为联姻之好。重熙二十二年（公元1053年）二月"阿萨兰回鹘为邻国所侵，遣使求援"。其关系自非一般关系。

回鹘与辽关系密切，还可以从辽上京设回鹘营看出。《辽史·地理志》记上京之南城云："南城谓之汉城。……南门之东回鹘营，回鹘商贩留居上京，置营居之。"《契丹国志》卷二十一云："高昌国、龟兹国、于阗国、大食国、小食国、甘州、沙州、凉州，已上诸国，三年一次遣使，约四百余人，至契丹贡献玉、珠、犀、乳香、琥珀、玛瑙器、宾铁、兵器、斜合黑皮、褐黑丝、门得丝、怕里呵、碙砂、褐里丝。"贡使团达数百人，其商贸活动必甚可观。

邻近新疆的阿富汗吉慈尼（Ghazni）也与辽有交往关系。太平四年（公元1024年）辽遣使者赍书致吉慈尼算端马合木（Mahmūd），并赐绢、皮、麝香等礼物，"肇启邦交，永敦邻好"。回鹘伊立格（Ilig）可汗亦遣使随辽使与吉慈尼缔盟通好。事见卒于公元1120年之阿拉伯医士麻瓦奇（Marvazi）所著之 *The Natural Properties of Animals* 一书[2]。

大食早在辽天赞三年（公元924年）便来贡，与辽一直保持良好关系。开泰九年（公元1020年）十月，"大食国王遣使为其子册哥（《辽史·本纪》作册割）请婚，进象及方物"。第二年即太平元年（公元1021年）三月，"大食国王复遣使请婚，以王子班郎君胡思里女可老封公主，降之"[3]。辽对大食似乎比对阿萨兰回鹘更为礼遇，十月请婚，第二年三月便下嫁公主。辽亡后，耶律大石从回鹘奔大食，这与他们之间曾有姻娅之缘不无关系。《宋史·大食传》中屡记大食给宋的贡品中有琉璃瓶、琉璃酒器（即玻璃器）等，以此推之，贡辽的方物中有玻璃器是完全可能的。在辽墓和辽代塔基中屡次发现伊斯兰玻璃器，正是辽与中亚、西亚频繁密切交往的物证。

中国北方的草原丝绸之路，从新疆伊犁、吉木萨尔、哈密，经额尔济纳、河套、呼

---

[1] 《辽史》卷三十《天祚本纪四》附《耶律大石传》。
[2] 见周一良《新发现十二世纪初阿拉伯人关于中国之记载》，收入《魏晋南北朝史论集》页406，中华书局，1963年。
[3] 《辽史·属国表》。

和浩特、大同、张北、赤城、宁城、赤峰、朝阳、义县、辽阳,东经朝鲜而至日本。这条路线是连接西亚、中亚与东北亚的国际路线。朝鲜和日本发现的公元4世纪以来的西方金银器和玻璃器等,有一大部分可能是通过这条横贯中国北方的草原丝绸之路输入的[1]。

公元13世纪以后的蒙元时期,和林、上都成为当时政治中心,北方草原丝绸之路向北移动。忽必烈统一全国建都大都之后,北京成为全国政治中心;同时在直沽(天津)开展了海运,把中国北方草原丝绸之路与海上丝绸之路连接了起来,北京成为它的连接点,开创了中国丝绸之路的新局面。

五

海上丝绸之路与陆路不同,它是以对外港口为基点的,其发展取决于造船和航海技术。自汉代以来,沿海的对外港口是广州(番禺)、合浦、泉州、宁波(明州)、扬州,以及山东半岛的崂山(青州长广郡牢山)和蓬莱(登州)。考古学上所见从海上丝绸之路输入的外国遗物,是以对外港口为起点,向内陆输散,广东、广西、福建、浙江、江苏、湖南、湖北、安徽、河南、山东等省均有发现。兹先介绍考古学的发现,然后再论述海上丝绸之路的问题。至于广州、泉州、扬州各地发现之伊斯兰、景教、摩尼教等宗教遗迹遗物,当与陆路新疆、内蒙古、北京各地之发现另文论述,此不赘叙。

(一) 广州

广州自先秦时代便是海上交通之枢纽。广州发现的秦代造船工场遗址,充分显示着其造船技术之优势[2](图一〇一)。这无疑为广州奠立了它对外交往的物质技术基础,历两千余年而不衰。自汉至唐,广州几乎垄断了中国的海上交通和贸易。

1. 广州南越王墓出土的银盒、金花泡饰、象牙和香料[3]

南越王墓是南越国文帝赵眜(即赵胡)的墓,葬于公元前122年左右(西汉

---

[1] 宿白《中国古代金银器和玻璃器》,《中国文物报》第280、281期,1992年4月26日、5月3日;又可参阅日本奈良县立檀原考古学研究所附属博物馆《新沢千塚の遺寶とその源流》,1992年4月。
[2] 广州市文物管理处《广州秦汉造船工场遗址试掘》,《文物》1977年4期,页1。
[3] 广州市文物管理委员会、中国社会科学院考古研究所、广东省博物馆《西汉南越王墓》,文物出版社,1991年。

图一〇一　广州秦代造船工场遗址

图一〇二　广州南越王墓出土列瓣纹银盒

元朔末至元狩初)。此墓出土的外国遗物有：(1) 列瓣纹银盒1件，高10.3、盖径14.3、子口径13、腹径14.8厘米，盒下铜圈足是后配的(图一〇二)。盖顶有两圈凹弦纹，盖身捶揲出两相交错的列瓣纹。盖上有后配加的三个银锭凸榫。盖口与盒身相合处的边缘上各刻一周穗纹。盒身亦捶揲出两相交错的列瓣纹，底部微向内凹。此种列瓣纹与穗纹的银盒非我国传统工艺，是西亚或中亚之产品。为了适合中国所用，又加配了圈足和盖钮，犹如中国的豆，并在盖上加刻"名曰百卅一"、"一斤四两右游一私官容三升大半口"的铭文和编码。出土时盒内藏有药丸。(2) 金花泡饰32枚，直径1.1、高0.5厘米，是四组十六个小金珠焊接成的泡形装饰(图一〇三)。这种焊珠工艺(Granulation)在两河流域乌尔(Ur)第一王朝(公元前4000年)出现，其后流行于古埃及、克里特、

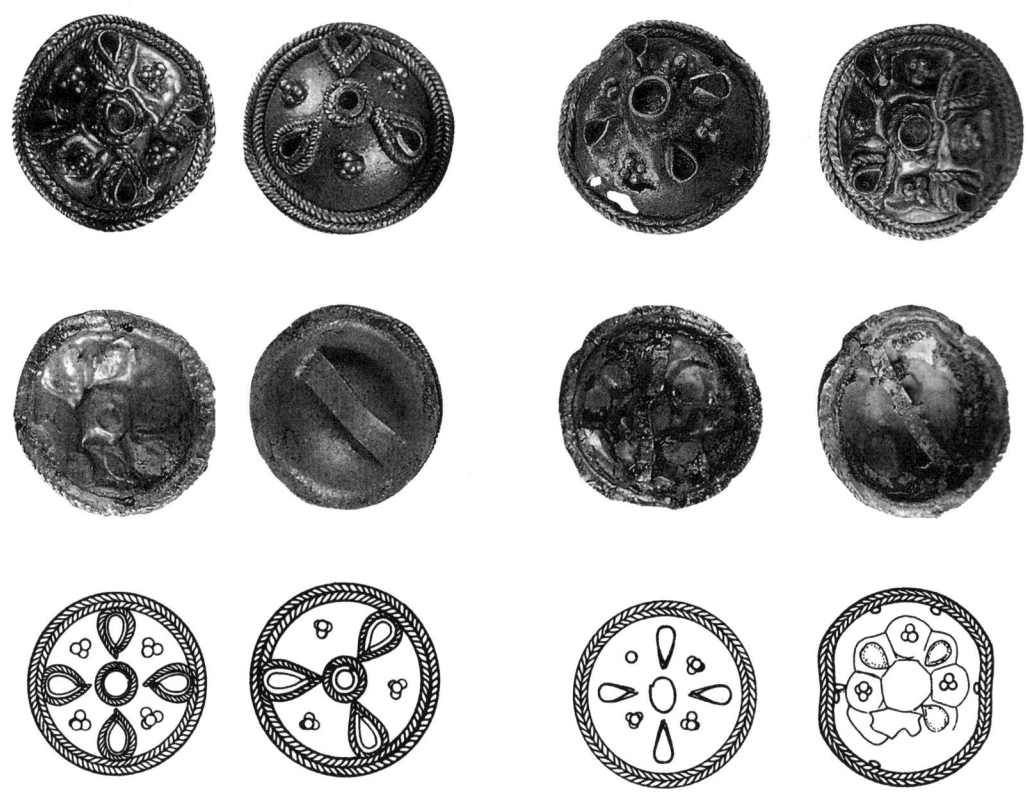

图一〇三　广州南越王墓出土金花泡饰

波斯等地,亚历山大东征以后传至印度。巴基斯坦坦叉始罗遗址中所见的焊珠工艺,可早到公元前3～前2世纪[1]。南越王墓中焊珠工艺制成的金花泡饰,应是由南亚输入的,这可能是目前所见西方焊珠工艺在中国的最早遗物。(3)象牙5支,在南越王墓西耳室内,成堆叠放,最大的长126厘米,经鉴定确认是非洲象牙(图一〇四,1)。(4)香料,在西耳室的一个漆盒内有乳香一堆,呈树脂状,重26克(图一〇四,2)。南越王墓中出薰炉13件,可见燃香在南越王的生活中是十分重要的。乳香主要产于红海沿岸,南越王从南亚进口乳香是完全可能的。

2. 广州横枝岗2061号墓出土的罗马玻璃碗

共出3件,出土时已碎裂,经粘合后两件完整,一件尚缺三分之一左右,大小略同,口径10.6、底径4厘米[2](图一〇五)。深蓝紫色,模制成型,外壁及口沿经过打磨,口沿下的阴弦纹是磨出的,磨得不很规整。经化验为钠钙玻璃,似是地中海南岸

---

[1]　岑蕊《试论东汉魏晋墓葬中的多面金珠用途及其源流》,《考古与文物》1990年3期,页85。
[2]　广州市文物管理委员会、广州市博物馆《广州汉墓》,文物出版社,1981年。

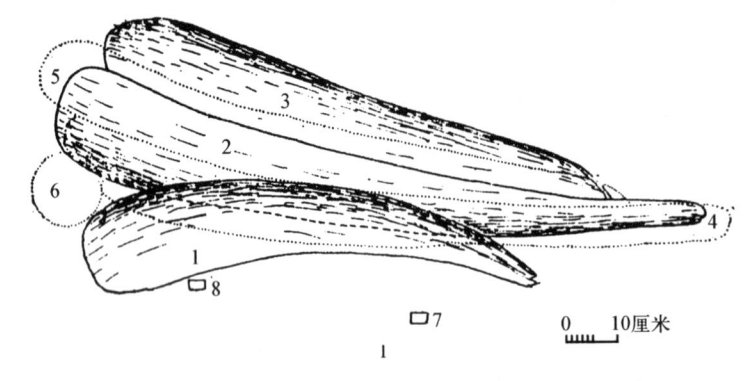

图一〇四 广州南越王墓出土象牙和乳香
1. 原支象牙出土状况草测图　2. 乳香

图一〇五 广州横枝岗2061号墓出土罗马玻璃碗

的罗马玻璃中心公元前1世纪的产品[1]。此墓时代在西汉中期，相当于公元前1世纪，这是目前所知我国发现的年代最早的罗马玻璃器。

3. 广州汉墓出土的多面金珠和肉红石髓珠

广州第4013号东汉前期墓（公元1世纪前半叶）中出土有1件镂空小金球，直径1.4厘米，作十二面菱形，每面正中是一个圆形穿孔，每角处有凸起的圆珠四粒[2]（图一〇六）。有人称其为多面金珠，与其相同的多面金珠在越南的奥高遗址（扶南国）和巴基斯坦的坦叉始罗发现过，广州所出者当是从南亚经海路输入的[3]。在广州西汉后期墓中

---

[1] 安家瑶《中国的早期玻璃器皿》，《考古学报》1984年4期，页413。
[2] 广州市文物管理委员会、广州市博物馆《广州汉墓》，文物出版社，1981年。
[3] 岑蕊《试论东汉魏晋墓葬中的多面金珠用途及其源流》，《考古与文物》1990年3期，页85。

图一〇六　广州汉墓第4013号墓出土镂空小金球

图一〇七　广州西汉后期墓出土肉红石髓珠

还出土过2颗肉红石髓珠(图一〇七),有药物蚀花的残纹,也应当是从南亚(印度南部的黄支国)输入的[1]。

(二) 广东英德南齐墓出土的波斯银币

1960年7月发现,共3枚,两枚已残,一枚完整,剪边,直径2.7厘米,重2.3克(图一〇八)。属卑路斯B型,皆有小穿孔,可能已被作饰物佩戴。此墓有南齐永元元年(公元499年)纪年砖[2]。

图一〇八　广东英德南齐墓出土波斯银币

1. 银币正面　2. 银币背面

---

[1] 广州市文物管理委员会、广州市博物馆《广州汉墓》,文物出版社,1981年。
[2] 广东省文物管理委员会等《广东英德、连阳南齐和隋唐古墓的发掘》,《考古》1961年3期,页139。

（三）广东曲江南华寺南朝墓出土的波斯银币

1973年发现于曲江南华寺第3号南朝墓中，共9片，均是被剪碎的残片，为卑路斯时期所铸[1]（图一〇九）。

图一〇九　广东曲江南华寺第3号南朝墓出土波斯银币
1.银币正面　2.银币背面

---

[1] 广东省博物馆《广东曲江南华寺古墓发掘简报》，《考古》1983年7期，页601。

（四）广东遂溪南朝窖藏银碗和波斯银币

1984年发现于遂溪县边湾村，金银器和波斯银币均装藏于一陶罐内。此地距海岸线约10公里，相传古代海岸线却在此地。（1）银碗1件，出土时已破碎（图一一〇，1）。高8、口径18、圈足径7厘米。作十二瓣状，口沿微侈，圈足外斜，碗底上凹[1]。在口沿外周刻有阿拉美铭文。阿拉美文字在萨珊王朝时使用于东伊兰地区的粟特与花剌子模，特别是粟特地区仅流行于公元5世纪前。这件十二折银碗，很可能是粟特商人从海路带来的[2]。（2）波斯萨珊银币20枚，径约2.8厘米，重约4克（图一一〇，2）。可分四种：沙卜尔三世所铸者3枚；耶斯提泽德二世所铸者5枚；卑路斯A型1枚；卑路斯B型11枚。遂溪窖藏的发现，为研究粟特人在海上丝绸之路的活动提供了实物资料。

图一一〇 广东遂溪南朝窖藏银碗和波斯萨珊银币
1. 银碗 2. 波斯萨珊银币

（五）长沙汉晋墓出土的多面金珠

1. 长沙五里牌9号东汉墓出土多面金珠4件

金珠以十二个小金丝环焊成，环与环之间的空隙处，堆焊三颗小圆金珠。另有5件小金球，饰以金丝弦纹，然后再堆焊小圆金珠。还有用数十粒小金珠焊接成的圆球和用小金珠堆焊成的"亚"字形牌饰[3]。此墓出土多件以焊珠工艺和掐丝工艺等西方金工技艺制成的装饰品（图一一一），实属罕见。

---

[1] 遂溪县博物馆《广东遂溪县发现南朝窖藏金银器》，《考古》1986年3期，页243。
[2] 姜伯勤《广州与海上丝绸之路上的伊兰人：论遂溪的考古新发现》，《广州与海上丝绸之路》，页21～33，广东省社会科学院，1991年。
[3] 湖南省博物馆《长沙五里牌古墓葬清理简报》，《文物》1960年3期，页38。

图一一一　长沙五里牌9号东汉墓出土多面金珠、金球

2. 长沙黄泥塘3号东晋墓出土的多面金珠

多面金珠1件，直径1厘米。同出的还有各种形状的用焊珠工艺和掐丝工艺制成的小金饰，直径均在1.1厘米左右[1]。

（六）泉州发掘的宋代海船

泉州是宋元时代继广州而起的另一个重要港口，刺桐港是驰名中外的贸易港。1974年在泉州湾后渚港的沙滩上发掘了一艘宋代海船（图一一二）。船体残长24.2、残宽9.15米，尖底，船身扁阔，头尖尾方。龙骨由两段松木接成，全长17.65米，连接龙骨的艉柱用樟木制成，长约4.5米。船板用柳杉拼接榫合，缝隙处以麻丝、竹茹和桐油灰填抹。船体用十二道隔板隔成十三个舱，最深的船舱1.98米，最浅的1.5米。该船的排水量约为370吨。船中所载的货物有香料木（包括降真香、沉香、檀香等），还有龙涎香、乳香、槟榔、朱砂、水银等香料和药物。船中发现的年代最晚的钱是宋度宗咸淳七年（公元1271年）的。这艘宋代海船结构坚

---

[1]　湖南省博物馆《长沙南郊的两晋南朝隋代墓葬》，《考古》1965年5期，页225。

·考古学上所见中国境内的丝绸之路·

图一一二　泉州湾后渚港宋代海船

固，稳定性好，适宜远洋航行，与宋徐兢《宣和奉使高丽图经》中所记"下侧如刃"的尖底型海船相同[1]。

（七）福州五代刘华墓出土的波斯孔雀蓝釉陶瓶

1965年发掘。共出土3件波斯孔雀蓝釉陶瓶，通体上釉，釉色晶莹，瓶内壁作青灰色，陶胎橙红，质地疏松，皆为小敛口、广腹、小底内凹（图一一三）。有两件纹饰相同，器高77.5～78.2、口径12～14、腹径40～41、底径16厘米，肩部有三个小竖耳，外腹部贴塑三组五层半圆弧绳纹，下腹部有一周泥条压印纹。另一件高74.5、口径15、腹径42、底径17厘米，肩上有四个小竖耳，腹部有四道泥条压印纹[2]。刘华为闽国第三主王延钧的妻子，卒于后唐长兴元年（公元930年）。此类波斯孔雀蓝釉陶瓶的年代，因刘华墓之发现，得以确认。

图一一三　福州五代刘华墓出土波斯孔雀蓝釉陶瓶

---

[1]　泉州湾宋代海船发掘报告编写组《泉州湾宋代海船发掘简报》，《文物》1975年10期，页1；《泉州湾宋代海船复原初探》，《文物》1975年10期，页28。又可参见《新中国的考古发现和研究》页617、618，文物出版社，1984年。

[2]　福建省博物馆《五代闽国刘华墓发掘报告》，《文物》1975年1期，页62；陈存洗《福州刘华墓出土的孔雀蓝釉瓶的来源问题》，《福建文博》1984年1期，页78。

（八）浙江瑞安北宋慧光塔出土的伊斯兰刻花玻璃瓶

1967年发现，瓶高9厘米，浅蓝色，口沿平折，高颈，鼓腹，腹部刻花，下有圈足（图一一四）。出土于该塔地宫的舍利石函中[1]。此塔建成于北宋庆历三年（公元1043年），则此瓶当是公元11世纪伊斯兰产品。

（九）湖北鄂城西晋墓出土的萨珊玻璃碗

1978年9月发掘，墓在鄂城五里墩（编号121）。出土时破为碎片，淡黄绿色，透明有小气泡（图一一五）。修复后口径10.5厘米，侈口，颈微收，球腹，圜底。腹部有两条阴弦纹和三排椭圆形稍内凹的磨花纹饰。经化验为钠钙玻璃，是波斯萨珊玻璃器[2]。此墓为西晋墓，相当于公元3世纪中叶至4世纪初。我以前曾推测此碗有可能是由陆路经"河南道"至四川，顺江而下至鄂城的[3]。当然，从海路输入的可能性也很大，从广州进口，沿当时的官路，越五岭至鄂城。

图一一四　瑞安北宋慧光塔出土刻花玻璃瓶

图一一五　鄂城五里墩西晋墓出土萨珊玻璃碗

（十）湖北公安东晋墓出土的多面金珠

1965年4月发现。此墓墓砖上有"左将军"、"吴郡喻侯"字样。出土多面金珠1枚，直径1.4厘米，重14.95克，有十二个圆形穿孔[4]。

（十一）湖北安陆唐吴王妃杨氏墓出土的波斯银币

1980年1月发掘。出土波斯银币15枚，直径2.5～2.9厘米，皆为卑路斯时期所铸[5]（图一一六）。吴王李恪被诛在永徽四年（公元653年），杨氏卒于其前，故墓志

---

[1]　浙江省博物馆《浙江瑞安北宋慧光塔出土文物》，《文物》1973年1期，页48。
[2]　安家瑶《试探中国近年出土的伊斯兰早期玻璃器》，《考古》1990年12期，页1116。
[3]　拙著《考古学上所见的中国通往日本的丝绸之路》，1991年3月6日在联合国教科文组织海上丝绸之路日本奈良国际学术讨论会上的讲演；英文版见UNESCO *Maritime Route of Silk Roads Nara Symposium 91' Report*, pp.35-37, The Nara International Foundation, March, 1993；中文版见《文物天地》1993年6期，页34。
[4]　荆州专区博物馆《公安县发现一座晋墓》，《文物》1966年3期，页61。
[5]　孝感地区博物馆等《安陆王子山唐吴王妃杨氏墓》，《文物》1985年2期，页83。

图一一六　安陆唐吴王妃杨氏墓出土波斯银币

1. 部分波斯银币（正面）　2. 部分波斯银币（背面）

仍题"大唐吴国妃杨氏之志"，但志文已被铲平，当是吴王诛后毁墓时所为。

（十二）安徽无为宋代塔基出土的伊斯兰刻花玻璃瓶

1971年1月发现。瓶高12.5、口径4.6、底径7.3厘米，蓝色，颈及腹部有刻花（图一一七）。塔基内同出的有北宋景祐三年（公元1036年）许氏二娘愿文[1]。

图一一七　无为宋代塔基出土刻花玻璃瓶

（十三）南京

南京汉初属丹阳郡秣陵，建安十七年（公元212年）孙权改秣陵为建业，黄龙元年（公元229年）孙权自武昌迁都建业，自此开始，南京作为六朝之古都，逐渐成为江南政治、经济和文化之中心。西晋建兴元年（公元313年）改建业为建康。建康通过沿海之港口（主要是广州）与国外交往。近年南京出土的外国遗物，多发现在六朝墓葬中。

1. 南京象山7号墓出土的罗马玻璃杯和金刚石金戒指

象山7号墓是东晋琅琊王氏族墓之一，据推测可能是王廙墓，王廙卒于东晋永昌元年（公元322年）。墓内出土罗马玻璃杯两件，完整的一件出在男棺前面，

---

[1]《无产阶级"文化大革命"期间出土文物展览简介》，《文物》1972年1期，页70；《"文化大革命"出土文物》第一辑，页100。

高10.4、口径9.4、底径2.5厘米，无色透明，稍泛黄绿色，气泡少而小，外附一层白色风化层（图一一八，1）。口稍外侈，筒腹，圆底。口沿下两条线纹间及底上磨有椭圆形花瓣纹，腹部有七个大椭圆形纹。另一件在女棺前，已被压碎，从碎片来看，与上述男棺前的一件器形相似，也是筒形杯，不过颜色稍深，呈浅黄褐色。这两件杯都是钠钙玻璃。在男棺中部出土一枚金刚石金戒指，直径2.2厘米，平素无花纹，在戒指顶部有0.4厘米见方的斗形孔，内嵌金刚石一粒，直径约1厘米余，是未经琢磨的等轴八面锥体，尖端向外[1]（图一一八，2）。在美洲和南非未发现金刚石矿以前的古代，金刚石只产于印度，向西输入希腊、罗马，向东输入东南亚和中国。晋时中国文献中已知金刚石为刻玉利器。输入中国的金刚石多嵌在金指环上作装饰，《宋书·夷蛮传》云："呵罗单国，治阇婆洲，元嘉七年（公元430年）遣使献金刚指环、赤鹦鹉鸟。"又云："天竺迦毗黎国，元嘉五年（公元428年）……奉献金刚指环、摩勒金环诸宝物、赤白鹦鹉各一头。"阇婆是苏门答腊或爪哇古称的同名异译，迦毗黎在印度东部海边[2]。象山7号墓所出之金刚石金戒指，无疑是南亚所产，在当时被认为是最珍贵的宝物。

图一一八　南京象山7号墓出土罗马玻璃杯和金刚石金戒指

1. 罗马玻璃杯　2. 金刚石金戒指

2. 南京鼓楼岗东晋墓出土的罗马玻璃杯

1972年4月发现，在南京大学北园内，属东晋早期贵族墓（约当公元4世纪上半叶）。出土罗马玻璃杯1件，已残碎，原器为敞口折唇筒形杯，口径约10厘米，无色透明，有较多气泡，杯沿下有两道弦纹，腹中部也有两道弦纹，弦纹上下均有直瓣形之对称磨花纹饰[3]（图一一九）。

3. 南京北郊东晋墓出土的罗马玻璃杯

1981年4月发掘。位于北崮山南坡上，规模较大，为东晋中、晚期（约当公元5世纪初）皇室贵族墓。墓早年被盗，残留的遗物中有浅黄色和深蓝色玻璃碎片两种，

---

[1] 南京市博物馆《南京象山5号、6号、7号墓清理简报》，《文物》1972年11期，页29。
[2] 夏鼐《无产阶级"文化大革命"中的考古新发现》，《考古》1972年1期，页29。
[3] 南京大学历史系考古组《南京大学北园东晋墓》，《文物》1973年4期，页36。

图一一九　南京鼓楼岗东晋墓出土罗马玻璃杯残片

经粘合局部复原后看，似为两件深腹筒形器[1]（图一二〇）。经化验均为钠钙玻璃，钾和镁的含量都较低，铁的含量也很低，说明原材料经过精选；含有微量的锰，是采用二氧化锰做脱色剂和澄清剂，其制造工艺已有较高水平[2]。

4. 南京石门坎六朝墓出土的玻璃器

1955年10月发现。墓早年被盗，破坏严重，残留遗物中有玻璃碎片，似为碗盏之属[3]。从玻璃碎片观察应是罗马玻璃。

南京六朝墓中所出之罗马玻璃器多是磨花筒形杯，与德国科隆公元4世纪墓葬中所出之玻璃相似，当是莱茵河畔罗马玻璃制造中心之产品[4]。

图一二〇　南京北郊东晋墓出土罗马玻璃杯残片

---

[1] 南京市博物馆《南京北郊东晋墓发掘简报》，《考古》1983年4期，页315。
[2] 安家瑶《中国的早期玻璃器皿》，《考古学报》1984年4期，页413。
[3] 李鉴昭、屠思华《南京石门坎乡六朝墓清理记》，《考古通讯》1958年9期，页66。
[4] 安家瑶《中国的早期玻璃器皿》，《考古学报》1984年4期，页413。

（十四）江苏镇江句容六朝墓出土萨珊玻璃碗

此碗无色透明，侈口，颈部微敛，球腹，圜底（图一二一），器形与北京西晋华芳墓和鄂城五里墩121号西晋墓所出者相似。碗腹有六排凹球面圆饰，相互错叠，是采用了冷加工的磨琢工艺制成的。这是近年发现的典型萨珊玻璃器精品之一[1]。

图一二一　镇江句容六朝墓出土萨珊玻璃碗

（十五）扬州

1. 扬州甘泉二号汉墓出土的罗马玻璃和多面金珠

1980年在扬州发掘的甘泉二号墓，曾出土"广陵王玺"，被认为是东汉初年从山阳王徙封广陵王的刘荆，他是光武帝的第九个儿子，卒于永平十年（公元67年）[2]。此墓早年被盗，在残留的遗物中有：（1）罗马玻璃残片3片，钠钙玻璃，为紫红色与乳白色相间的透明体，是用这两种玻璃液，混合搅拌，灌模成型（图一二二，1）。外壁有模印的辐射形竖凸棱作装饰。成品类似大理石花纹，非常美观[3]。（2）多面金珠1件，直径1.3厘米，重2.7克（图一二二，2）。用两个较大的和十二个较小的金圈拼焊成二十四个角的空心球，在金圈相接的二十四个空当处，用四粒小金珠堆焊出二十四个尖角。此种多面金珠，多发现在中国南方，扬州甘泉二号墓所

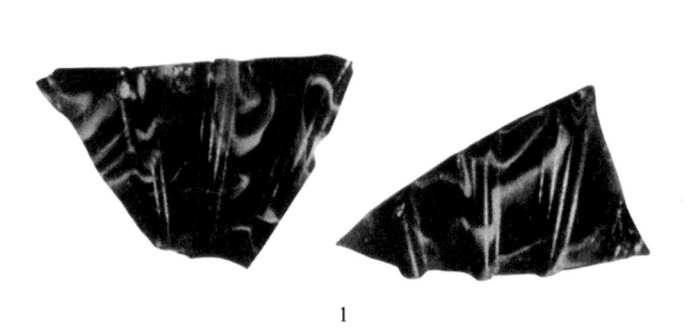

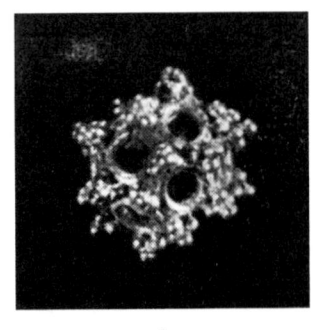

图一二二　扬州甘泉二号汉墓出土罗马玻璃残片和多面金珠
1. 罗马玻璃残片　2. 多面金珠

---

[1] 安家瑶《北周李贤墓出土的玻璃碗——萨珊玻璃器的发现与研究》，《考古》1986年2期，页173。
[2] 南京博物院《江苏邗江甘泉二号汉墓》，《文物》1981年11期，页1。
[3] 安家瑶《中国的早期玻璃器皿》，《考古学报》1984年4期，页413。

出者，似是最北边的，它们都应当是由南亚经海路输入的。

2. 扬州出土的波斯釉陶壶

1965年2月在扬州城南出土一件波斯翠绿釉陶壶，高38、口径9、底径10厘米，厚唇，高颈，在肩部与颈部间连有对称的两个把手，把手高9.5、宽4.5～7厘米，腹下部敛为平底，底微内凹（图一二三）。颈部有不规则的波浪纹两周，其间凸起弦纹一周。肩部有波纹和旋削纹。腹部亦有多道旋削纹。胎质疏松，呈土红色。胎釉结合紧密，无剥釉现象[1]。经化验其胎的钙镁含量特别高，釉属钠钙系统，着色剂以铜为主，与中国低温铅釉陶有明显之区

图一二三　扬州出土绿釉双耳波斯陶壶

别[2]。近年扬州出土的釉陶残片已达二三百片之多，根据出土情况判断，大多属于公元8世纪和9世纪的遗物。扬州在中晚唐以后，已成为一个十分重要的对外贸易港口，借长江、运河水运之便，西通荆州（江陵）、巴蜀（益州），南接闽越，北连淮洛，成为国内贸易之中心，所谓"扬州富庶甲天下，时人称扬一益二"也[3]。近年扬州唐城的考古取得了很大的进展[4]，发现了全国各地瓷窑烧造的瓷器，有些是为外销的商品瓷器，还有许多进口玻璃碎片，详细情况尚有待于正式考古报告之发表。

（十六）河南固始侯古堆一号墓和湖北随县曾侯乙墓出土的西亚镶嵌玻璃珠

在本文第二部分曾提到新疆轮台群巴克公元前10世纪至公元前7世纪的墓中，发现过由西亚输入的镶嵌玻璃珠。这种玻璃珠又被称作"蜻蜓眼"，也常在春秋战国之际的南方和中原贵族墓中发现，估计绝大部分都是自海路输入的。其中时代最早、数量最多的是河南固始侯古堆一号墓和湖北随县曾侯乙墓。

---

［1］　周长源《扬州出土古代波斯釉陶器》，《考古》1985年2期，页152。
［2］　周长源、张浦生、张福康《扬州出土的古代波斯釉陶研究》，《文物》1988年12期，页60。
［3］　《资治通鉴》卷二五九"景福元年"条："先是，扬州富庶甲天下，时人称扬一益二。及经秦、毕、孙、杨兵火之余，江淮之间，东西千里，扫地尽矣。"参见顾风《略论扬州出土的波斯陶及其发现的意义》，《伊朗学在中国论文集》页21～28。
［4］　参见蒋忠义《隋唐宋明扬州城的复原与研究》，《中国考古学论丛》页445～462，科学出版社，1993年。

图一二四　河南固始侯古堆一号墓出土镶嵌玻璃珠

图一二五　湖北随县曾侯乙墓出土镶嵌玻璃珠链饰

河南固始侯古堆一号墓的时代约在公元前6世纪，玻璃珠作为佩戴的饰品，穿线已朽，散遍于棺内，最小的直径仅0.2厘米，制作工整[1]（图一二四）。湖北随县曾侯乙墓的年代约在公元前433年以后，即公元前5世纪中叶，墓内出土76枚西亚镶嵌玻璃珠组成的链饰，极为华丽[2]（图一二五）。它们都属钠钙玻璃，被认为是从西亚或中亚输入的产品[3]。这种镶嵌玻璃珠在此以前不见于我国，一经传入，颇受贵族阶层的喜爱。高至喜认为，春秋战国之际中国南方出土的镶嵌玻璃珠，很可能是由西亚经印度输入的。大概从战国早期开始，在楚国已能用中国传统的铅钡玻璃仿造西亚镶嵌玻璃珠[4]。根据考古学的发现，不论是陆路还是海路，在早期输入的外国遗物中，西亚镶嵌玻璃珠都是主要物品。

（十七）江苏徐州土山东汉墓铜砚盒上嵌的青金石

1969年发现。此墓出银缕玉衣，可能与东汉明帝之子彭城王刘恭有关系。遗物中有1件兽形铜砚盒，通体鎏金，并镶嵌红色的珊瑚和蓝色的宝石，包括青金石[5]（图一二六）。珊瑚出南海，青金

图一二六　徐州土山东汉墓出土兽形铜砚盒

---

[1]　固始侯古堆一号墓发掘组《河南固始侯古堆一号墓发掘简报》，《文物》1981年1期，页1。
[2]　湖北省博物馆《曾侯乙墓》上册，页425、657，文物出版社，1989年；又见《曾侯乙墓特别展》图86，日本东京国立博物馆，1992年。
[3]　张福康、程朱海等《中国古琉璃的研究》，《硅酸盐学报》11卷1期，页68。
[4]　高至喜《论我国春秋战国的玻璃器及有关问题》，《文物》1985年12期，页54；又可参阅周世荣《湖南出土琉璃器的主要特点及其重要意义》，《考古》1988年6期，页547。
[5]　夏鼐《无产阶级"文化大革命"中的考古新发现》，《考古》1972年1期，页29；参见《文物考古工作三十年》页205，文物出版社，1979年。

石出阿富汗,可能是从海路输入的。

(十八) 山东临淄西汉齐王墓随葬坑出土的列瓣银盒

1978年秋发现于山东临淄西汉齐王墓第一号随葬坑内,盒高11、口径11.4厘米,今盒之外观呈豆形,但盒身下的铜圈足和盒盖上的三个铜卧兽,都是后来附加的,使盒变为豆(图一二七)。盒盖外周和盒身都有捶揲出来的相互交错的列瓣纹,与广州南越王墓的列瓣纹银盒极为相似,只是在盖身间没有刻出穗纹。发掘者推测此墓为齐王刘襄墓,随葬坑的年代在公元前179年左右[1],早于南越王墓。从这两个极为相似的银盒的发现可以看出,在公元前2世纪,西亚或中亚银器已从海上丝绸之路输

图一二七　临淄西汉齐王墓第一号随葬坑出土列瓣银盒

入中国。中国的南方和北方的贵族,虽然珍爱这种列瓣纹的银盒,但是,他们总不习惯使用西方器物,所以,都按中国的习惯把盒改装为豆,这一点在早期东西文化交流中是十分突出的,可以反映出当时人们的心态。

海上丝绸之路一般认为是从汉代开始的。《汉书·地理志》最后一段记南海之航线,最远可达印度南部东岸之唐契普拉姆(Conjevarnam),兹引其原文如下:

> 自日南障塞、徐闻、合浦船行可五月,有都元国;又船行可四月,有邑卢没国;又船行可二十余日,有谌离国;步行可十余日,有夫甘都卢国。自夫甘都卢国船行可二月余,有黄支国,民俗略与珠厓相类。其州广大,户口多,多异物,自武帝以来皆献见。有译长,属黄门,与应募者俱入海市明珠、璧流离、奇石异物,赍黄金杂缯而往。所至国皆禀食为耦,蛮夷贾船,转送致之。亦利交易,剽杀人。又苦逢风波溺死,不者数年来还。大珠至围二寸以下。平帝元始中,王莽辅政,欲耀威德,厚遗黄支王,令遣使献生犀牛。自黄支船行可八月,到皮宗;船行可二月,到日南、象林界云。黄支之南,有已程不国,汉之译使自此还矣。[2]

---

[1] 山东省淄博市博物馆《西汉齐王墓随葬器物坑》,《考古学报》1985年2期,页223。
[2] 班固《汉书》卷二十八《地理志》,页1671,中华书局,1964年。

但是，从考古学上所见的海上丝绸之路，已远远超出文献记载之外，中国南方和中原发现的西亚镶嵌玻璃珠，证明在公元前6世纪中国从海上通过南亚已与西亚有往来。

番禺、徐闻（汉县，在广东海康，南齐时徙今地）、合浦、交州是早期港口，特别是广州（番禺）成为海上交通之中心，它直接向六朝首都建康供应外国珍贵物品，从广州经英德、曲江，过韶关，越五岭，至长沙（临湘）、公安、江陵，然后顺江而下至鄂城、南京（建康）。这是当时的官路，所以在英德、曲江、长沙、公安、鄂城、无为各地都有外国遗物之发现，南京发现的外国遗物之数量、质量为各地之冠，是符合历史实际的。

从发现的外国遗物之种类和产地来看，自先秦至隋代以前多是西亚与中亚产品，包括镶嵌玻璃珠、列瓣银盒、罗马玻璃器、多面金珠等。萨珊玻璃器的数量较少，不如陆路上发现的多。到南朝后期，波斯遗物增多。唐宋时期则以阿拉伯（大食）遗物为多，如波斯蓝釉陶器和伊斯兰刻花玻璃器等。

唐宋时代的对外贸易港，又增加了泉州、明州（宁波）、扬州、登州等各处，海外航线也大为扩展，贾耽所记自广州通海之道可为代表。《新唐书·地理志》云：

> 广州东南海行，二百里至屯门山，乃帆风西行，二日至九州石。又南二日至象石。又西南三日行，至占不劳山，山在环王国东二百里海中。又南二日行至陵山。又一日行，至门毒国。又一日行，至古笪国。又半日行，至奔陀浪洲。又两日行，到军突弄山。又五日行，至海硖，蕃人谓之"质"，南北百里，北岸则罗越国，南岸则佛逝国。佛逝国东水行四五日，至诃陵国，南中洲之最大者。又西出硖，三日至葛葛僧祇国，在佛逝西北隅之别岛，国人多钞暴，乘舶者畏惮之。其北岸则箇罗国。箇罗西则哥谷罗国。又从葛葛僧祇四五日行，至胜邓洲。又西五日行，至婆露国。又六日行，至婆国伽蓝洲。又北四日行，至师子国，其北海岸距南天竺大岸百里。又西四日行，经没来国，南天竺之最南境。又西北经十余小国，至婆罗门西境。又西北二日行，至拔䫻国。又十日行，经天竺西境小国五，至提䫻国，其国有弥兰太河，一曰新头河，自北渤昆国来，西流至提䫻国北，入于海。又自提䫻国西二十日行，经小国二十余，至提罗卢和国，一曰罗和异国，国人于海中立华表，夜则置炬其上，使舶人夜行不迷。又西一日行，至乌剌国，乃大食国之弗利剌河，南入于海。小舟泝流，二日至末罗国，大食重镇也。又西北陆行千里，至茂门王所都缚达城。自婆罗门南境，从没来国至乌剌国，皆缘海东岸行，其西岸之西，皆大食国。[1]

---

[1] 关于《新唐书·地理志》载贾耽所记广州通海夷道之考证，有伯希和（Pelliot）《交广印度两道考》、希尔特（Hirth）《诸蕃志译注》、费琅（G·Ferrand）《苏门答剌古国考》、桑原骘藏《唐宋贸易港の研究》等，可参阅冯承钧《中国南洋交通史》第六章"贾耽所志广州通海夷道"（页42～46），商务印书馆，1937年。

贾耽所记之航程,是自广州至波斯、大食之主要航线,与汉代相比,中国与阿拉伯帝国的海上交通有了很大的发展,从考古学上也可得到印证。中国唐宋时代之瓷器,不但在中亚、南亚和东南亚各地普遍发现,远至西亚、北非也都有中国瓷器之遗留[1]。从中国瓷器在世界各地发现的分布情况可以看出,绝大部分是由海上运输的,从这个意义上来说,我们称海上丝绸之路为陶瓷之道,也是十分恰当的。

附记:此文原是1990年8月间在联合国教科文组织"丝绸之路沙漠路线"乌鲁木齐国际学术讨论会上的讲演稿,因时间所限,内容简略。其后新考古材料不断发表。今年8月间,乃在讲演稿之基础上,重新改写,增加海上丝绸之路内容。自经始至今虽已三年,然誊写定稿不过月余,疏漏必多,恳请方家指正,以便修订,则不胜感激。1993年9月6日记于北京。1994年4月重订。

原载《燕京学报》新一期,1995年;又见《十世纪前的丝绸之路和东西文化交流》,新世界出版社,1996年。

本次从《中国历史考古学论丛》〔(台北)允晨文化实业股份有限公司,1995年〕选出。

---

[1] 参见三上次男《陶磁の道》,岩波书店,1972年;李德金《8～14世纪中国古外销陶瓷》,《中国考古学论丛》页474～480,科学出版社,1993年;马文宽等《中国古瓷在非洲的发现》,紫禁城出版社,1987年。

考古学上所见的中国通往日本的丝绸之路

由联合国教科文组织主办的海上丝绸之路考察队,从威尼斯起航,现在已经到达它的终点——日本的大阪和奈良。丝绸之路是东西方文化交流的产物,是一条各国人民友好交往的道路,当我们重温这一段历史的时候,无疑将更会增强各国人民友好的信念。我衷心祝贺海上丝绸之路考察获得圆满成功。

日本地处丝绸之路的东端,它是通过朝鲜半岛和中国来与中亚、地中海地区、北非,以及欧洲联系起来的。古代中国与日本的文化交流极其密切,与此同时,也把西方文化传到日本。从日本现存的与西方文化有关的古代遗物中可以看出有两类。一类是中国、朝鲜或日本制造的有西方风格的遗物,日本正仓院收藏的这类藏品很多。另一类则是西方制造的遗物,著名的有正仓院藏的萨珊白玻璃瓶(图一)和传安闲天皇陵出土的萨珊白玻璃碗,特别是奈良橿原市新泽千冢126号墓出土的萨珊磨花玻璃碗(图二),最为重要。这个墓筑于公元5世纪后半叶,说明在公元5世纪中叶以前波斯萨珊朝的玻璃器皿已传入日本。公元6世纪末到9世纪正是中国的隋唐盛世,丝绸之路更为繁荣,中日交往盛极一时,西方文化较前更易传入日本。我们现在要讨论的是西方文化是从哪条交通路线上传入日本的。

各位这次是从海上丝绸之路来的,我们先谈海路。中国海上对外交通开始得很早,并不晚于陆路。

图一　日本正仓院藏萨珊白玻璃瓶

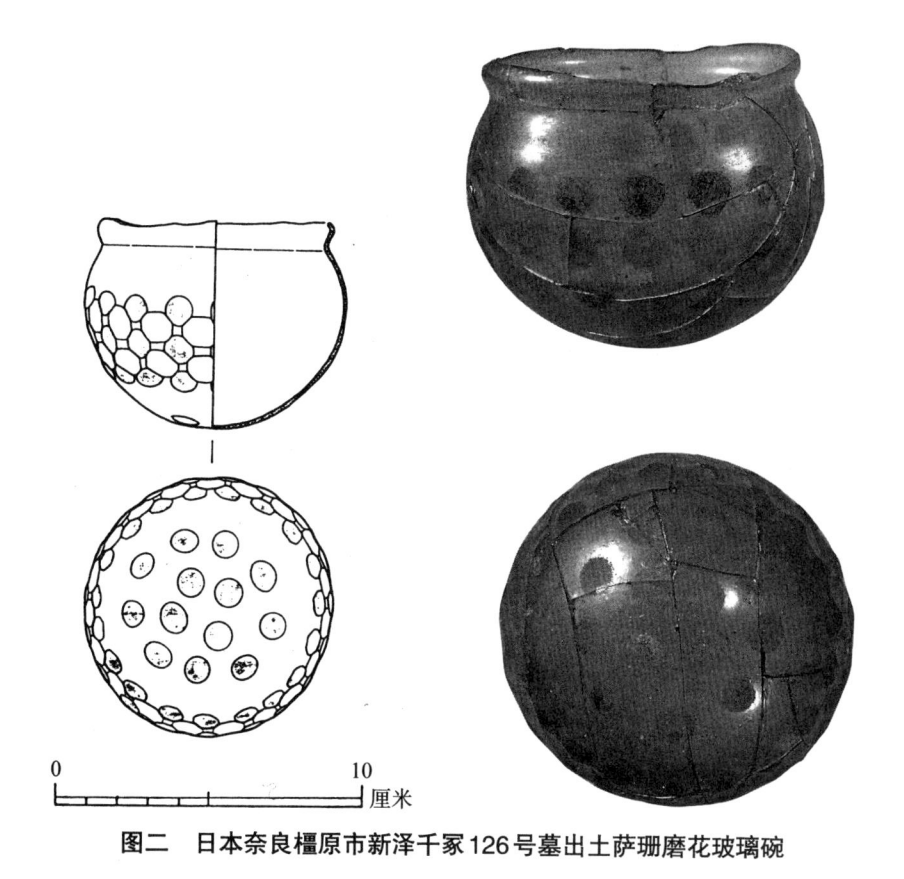

图二　日本奈良橿原市新泽千冢126号墓出土萨珊磨花玻璃碗

中国广东的广州和广西的合浦都是古代的港口。广州发现了公元前3世纪秦汉造船工场遗址,说明2 000多年前中国的造船技术已很发达。广州南越王墓出土的圆形银盒、金花泡饰、非洲象牙和乳香等,都是舶来品。在广州及其北方的英德、曲江和遂溪,广西的合浦、贵县,都有罗马玻璃器、波斯银币和萨珊银器出土。福建的福州、泉州、浙江的明州(宁波)和江苏的扬州,都是重要的贸易港口。在福州、浙江瑞安、江苏扬州和南京、安徽的无为、湖北的鄂城、安陆和公安,曾发现罗马玻璃器、萨珊玻璃器、伊斯兰玻璃器、波斯银币和波斯蓝釉陶器等,其中鄂城五里墩第21号西晋墓(公元3世纪后半叶至4世纪初)出土的萨珊磨花玻璃碗,除口沿稍有区别外,造型、纹饰与日本新泽千冢126号墓出土的磨花玻璃碗完全相同。鄂城的萨珊磨花玻璃碗有可能是从海路输入的。但是,根据考古发现的统计,海路输入的玻璃器多是罗马玻璃,萨珊玻璃较少,因此,鄂城五里墩第21号西晋墓的萨珊磨花玻璃碗更有可能是通过陆路输入的。日本新泽千冢126号墓的萨珊磨花玻璃碗可能是从陆路运到中国南朝,然后再从海路运往日本。当时,西域与南朝的交通,由于北魏的阻碍,多绕开河西走廊,从鄯善(新疆东南部)取道吐谷浑(今青海),沿今四川的松潘、汶河流域至益州(今成都),这便是历史上所称的"河南道"。日本新泽千冢126号墓的萨珊磨花玻璃碗极有可能是从"河南道"运往中国南朝的。公元5世纪正是日本倭五王与中国南朝频繁交往的时期,再从中国南朝渡海运往日本,也是很合理的。到公元7世纪以后,日本的遣隋、遣唐使僧大批来中国,从丝绸之路的起点长安直接吸取西方文化,更多的是将融合了西方文化的唐文化带回了日本。他们从长安东下,自扬州、明州和山东的登州(今蓬莱)乘船,经过朝鲜半岛的新罗,返回日本。丝绸之路从长安向东延伸,主要是通过这条路线到达日本的。

以日本新泽千冢126号墓出土的萨珊磨花玻璃碗为例,在公元5世纪前半叶,是否还有另一条路线到达日本呢?

公元5世纪初中国进入南北朝时代,南方是东晋南朝,北方则是五胡十六国逐渐被北魏统一。汉代以来的旧都长安和洛阳已经残破,丝绸之路的河西走廊上,地方政权更迭频仍,交通时阻时通。北魏的前期都城平城(山西大同)正在兴起,北魏与西域的交通可以不必绕河西走廊,直接从伊吾(新疆哈密,唐代的伊州)向东,过西海郡(内蒙古额济纳旗),横穿蒙古草原到达平城,从平城再向东可到营州(辽宁朝阳)、辽东和朝鲜半岛,渡海至日本。这是一条横贯中国北部草原的交通路线,文献上很少记载。近年的考古发现证明这条草原丝绸之路的存在。

这些考古发现从西向东依次为:内蒙古土默特旗毕克齐镇发现的拜占庭金币、金冠饰和青金石金戒指。呼和浩特市坝子村古城发现的波斯银币。山西大同北魏正始元年(公元504年)封和突墓出土的萨珊鎏金银盘等。大同南郊北魏遗址和墓葬中发现的具有萨珊和拜占庭风格的高足鎏金铜杯、鎏金刻花银碗、玻璃碗等,特别是大同南郊张女故第107号墓出土的萨珊磨花玻璃碗,与日本新泽千冢126号墓出土的萨珊磨花玻璃碗,也极为相似。内蒙古敖汉旗李家营子发现的有胡人头饰的银执壶和鎏金银盘等。内蒙古奈曼旗辽开泰七年(公元1018年)陈国公主墓出土的7件玻璃器,有公元9至10世纪伊朗制造的带把玻璃杯和刻花玻璃瓶、埃及或叙利亚制造的乳丁纹玻璃瓶、公元10至11世纪初拜占庭制造的高浮雕刻花玻璃盘、中亚制造的伊斯兰玻璃高颈水瓶。辽宁北票北燕太平七年(公元415年)冯素弗墓出土的5件罗马玻璃,最著名的是淡绿色鸭形玻璃器。辽宁朝阳辽开泰九年(公元1020年)耿延毅墓出土的伊斯兰绿色玻璃把杯和黄色玻璃盘。辽宁朝阳北塔地宫出土的萨珊玻璃瓶。说明从公元5世纪到11世纪,从新疆哈密东贯蒙古草原至辽东的这条草原丝绸之路确实存在。在它稍南的北京西晋墓发现的萨珊玻璃碗,天津蓟县独乐寺辽代塔基内发现的伊斯兰刻花玻璃瓶,河北定县北魏太和五年(公元481年)塔基内发现的波斯银币,以及定县北宋太平兴国二年(公元977年)塔基内发现的6件伊斯兰玻璃器,都应当是从上述草原丝路输入的。日本新泽千冢126号墓的萨珊磨花玻璃碗,当然也极有可能是经中国北方草原丝绸之路渡海输入日本的。

这条中国北方的草原丝路,自古以来便是游牧民族迁徙往来的通道,从考古学上也完全可以证实。随着时代的不同和环境的变化,这条草原丝路在局部的路线上自然会有移动变迁,这将是考古学家和地理学家今后要研讨的课题。

联合国教科文组织主持的草原丝绸之路的考察即将开始,我预祝这项考察将和沙漠路线、海上路线的考察一样,能够取得成功。

本文是1991年3月6日作者在联合国教科文组织"海上丝绸之路日本奈良国际学术讨论会"上的讲演。英文版见UNESCO, *Maritime Route of Silk Roads Nara Symposium' 91 Report*, pp. 35～39, The Nara International Foundation, March, 1993。中文版见《文物天地》1993年6期,页34。收入《中国历史考古学论丛》时又作了修订。

本次从《中国历史考古学论丛》选出。

关于中国境内丝绸之路考古的新发现和研究

我在1990年8月联合国教科文组织丝绸之路沙漠路线乌鲁木齐国际学术讨论会上，做了题为"考古学上所见中国境内的丝绸之路"的讲演。1993年9月至1994年4月间，又对这个讲演稿作了补充和修订，发表于《燕京学报》新一期（1995年）和《十世纪前的丝绸之路和东西方文化交流》（新世界出版社，1996年）一书中。考古学的发现，日新月异，不过四年的时间，中国境内丝绸之路考古又有了若干新发现。不揣谫陋，在此次国际会议上向诸位报告1994年以来在中国境内丝绸之路上的考古新发现和需要补充的材料。

中国境内的丝绸之路有四条：一是汉唐两京（长安和洛阳）经河西走廊至西域路，这是丝绸之路的主干道，包括原、会北道和青海道；二是中国北部的草原丝绸之路；三是云、贵、川和西藏的西南丝绸之路；四是东南沿海的海上丝绸之路。

在第一条路线上，甘肃固原隋和初唐（公元7世纪）的史家墓地，如史铁棒、史道德、史诃耽、史索严诸墓中均出土东罗马金币和玻璃器。在敦煌石窟不仅发现了对狮、对羊、对鸭、对鸟等斜纹组织的粟特锦（图一、图二），还有布哈拉旆达纳生产的旆达尼奇（Zandaniji）锦（现均藏大英博物馆和法国吉美博物馆），最近在莫高窟北区也出土了波斯萨珊银币（图三）。

在第一条路线的青海道上，青海都兰热水吐蕃墓地

图一　敦煌石窟发现的联珠对狮纹锦缘经帙

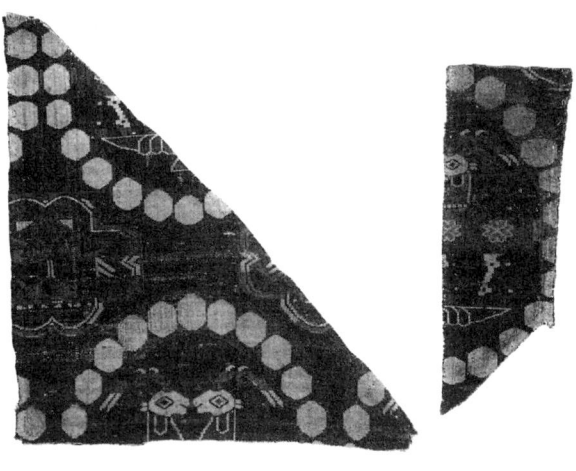

图二 敦煌石窟发现的红地联珠对羊对鸟纹锦 　　图三 莫高窟北区出土波斯萨珊银币

的发掘极为重要。出土了很多波斯锦,如联珠纹佛像·狩猎纹锦、黄地鹰纹锦、红地波斯婆罗钵文字锦(图四),这种波斯锦主要产于今乌兹别克斯坦布哈拉附近,应是历史上昭武九姓的安国。我们统称之为"粟特锦"。以前在新疆米兰也出土过织有新月纹粟特文字的斜纹织锦,为日本大谷探险队所得,现藏日本龙谷大学。

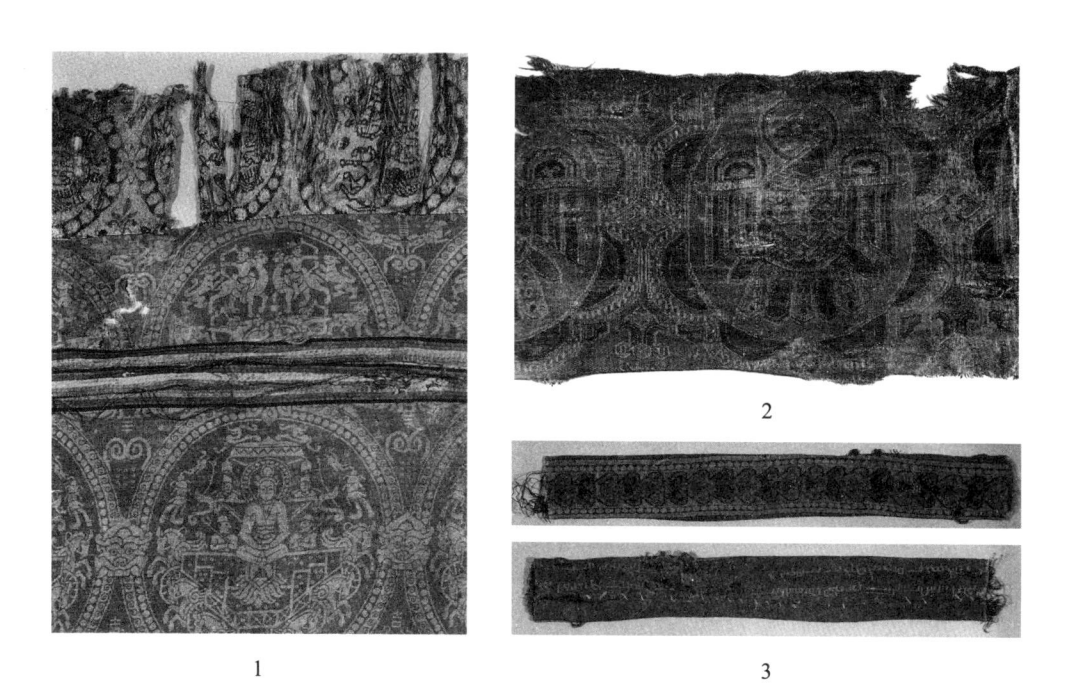

图四 都兰热水吐蕃墓出土波斯锦

1. 联珠纹佛像·狩猎纹锦　2. 黄地鹰纹锦　3. 红地波斯婆罗钵文字锦

在第一条路线上出玉门关和阳关进入新疆境内后,依时代和地域上的先后和不同,大致可分为三路:塔克拉玛干沙漠以南为南路,塔克拉玛干沙漠以北、天山以南为中路,天山以北为北路,这三条路线始于汉,完成于隋(公元前2世纪至6世纪)。这三条路线上最近都有外国遗物的发现。

在新疆境内南路上有且末札滚鲁克1号墓地49号墓出土的萨珊小玻璃杯1件(图五),民丰尼雅汉晋墓中出土的毛织物和料珠项链(图六)等。在新疆境内中路上,1996年在交河故城沟西1号墓地1号车师贵族墓内,出土有金冠、金戒指和牛头形绿松石耳饰(图八)。1985年在温宿县包孜东41号墓(时代约在汉代)出土有蓝色琉璃珠项链和蚀花玛瑙项链(图七)。1989年在库车森木塞姆石窟出土有萨珊玻璃杯。

图五　且末札滚鲁克1号墓地49号墓出土萨珊小玻璃杯

图六　民丰尼雅汉晋墓出土料珠项链

图七　温宿县包孜东41号墓出土蓝色琉璃珠项链和蚀花玛瑙项链

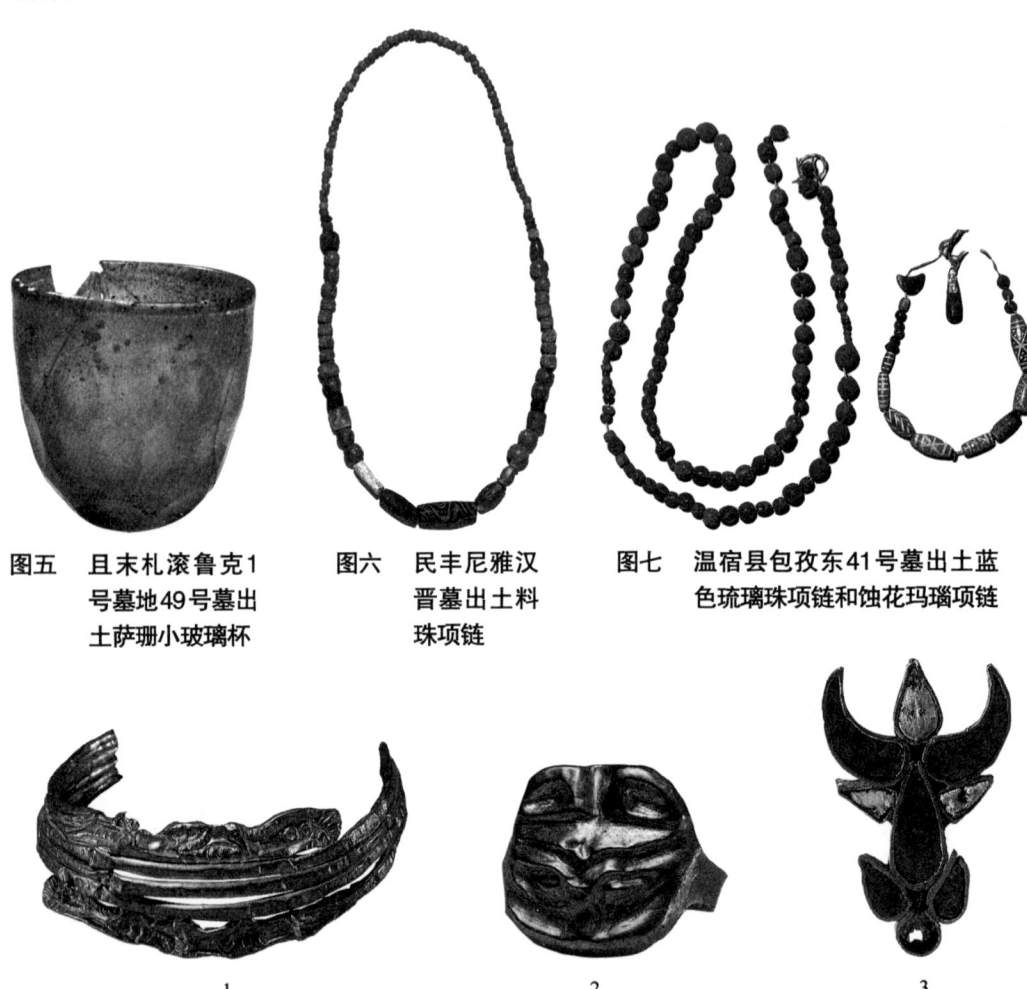

1　2　3

图八　交河故城沟西1号墓地1号车师贵族墓出土金冠、金戒指和绿松石耳饰

1.金冠　2.金戒指　3.绿松石耳饰

在新疆境内南路和中路之间的尉犁营盘汉晋墓地,正当南北交通之要冲。1995年在营盘9号墓出土萨珊玻璃杯(图九)。营盘墓地出土的毛织物尤其重要,如15号墓出土的红地对人对兽树纹罽袍(图一〇),采集的鹰蛇飞人罽残片,均属精纺的毛织物,发掘者认为是兴都库什山和阿姆河之间的巴克里特亚地区制造的。营盘墓地出土的狮纹毛毯,也应是从中亚输入我国的。

在新疆境内北路上,巴里坤出土的羊鹿直柄镜(图一一),昭苏乌孙墓出土的金戒指(图一二)也都是从中亚输入我国的。

图九　尉犁营盘汉晋墓地9号墓出土萨珊玻璃杯

汉唐时代的洛阳,在丝绸之路的作用上,与长安有着相同的地位。有人认为中国境内丝绸之路的起点应从洛阳算起,譬如东汉、曹魏、北魏和隋唐初期,洛阳都曾是中国的政治中心,其在对外文化交流和贸易的作用上确实是不可忽视的。近年在洛阳龙门东山一窖藏中便发现过波斯银币。1996年在洛阳郊区还发现了波斯萨珊银币200余枚,有库思老一世、二世和卑路斯银币。在洛阳偃师杏园1902号唐墓中出土了蓝色水晶石戒面,上刻中古波斯语(巴列维语)铭记(图

图一〇　尉犁营盘汉晋墓地15号墓出土红地对人对兽树纹罽袍

图一一　巴里坤出土羊鹿直柄镜

图一二　昭苏乌孙墓出土金戒指

图一三　洛阳偃师杏园1902号唐墓出土金戒指

图一四 北魏洛阳城遗址出土仿萨珊釉陶碗

一三)。在北魏洛阳城遗址中还出土了1件仿萨珊玻璃碗的釉陶器(图一四),这一发现说明当时西方玻璃器在人们的心目中是十分珍贵的,所以,才出现了釉陶器摹仿萨珊玻璃器的情况。

第二条路线即草原丝绸之路。从公元前7世纪至公元前3世纪春秋战国时代,游牧民族便在这片横贯欧亚大陆的草原上活动,中国的丝绸早在此时通过游牧民族从东方传向西方。公元4世纪北朝时期,北方草原上的东西交通日益重要,至公元5世纪北魏前期,以平城(山西大同)为中心,西接伊吾(哈密),东抵辽东(辽阳),逐渐形成了一条贯通中国北方的东西国际交通路线。当时北魏从平城通西域有两条路线:一条是从平城沿鄂尔多斯沙漠东南缘,经统万城(陕西靖边)、灵州(灵武)达姑臧(凉州,今武威);或更往南走秦州(天水)、金城(兰州)而至姑臧,然后进入河西走廊。这条路线因赫连氏夏和沮渠氏北凉政权的存在,多有阻隔;北魏平夏与北凉后才畅通。另一条是沿平城北面的六镇防线,西过居延(额尔济纳),直抵伊吾,这条路线从公元4世纪开始一直到公元11世纪的辽,都是中国北方草原丝绸之路的主线,是连通中西亚和东北亚的国际路线,对中国、朝鲜和日本与西方文化交流有极重要的作用。在山西大同(北魏平城、唐云州、辽西京)、辽宁朝阳(北朝龙城、唐营州)都发现了不少很重要的西方输入品。近年在内蒙古武川县乌兰不浪曾出土过东罗马金币。在大同东郊北魏墓中又出土了金银器和玻璃器。1989年在朝阳唐墓中出土1枚东罗马希拉克略(Heraclius)金币。在北京西郊西晋华芳墓中除发现有玻璃碗外,还出土有西方制作的银铃(图一五),铃的上部有用掐丝工艺制成的胡人伎乐,并用红蓝宝石镶嵌,十分精巧。

第三条路线是西南丝绸之路,主要是通往南亚和西亚的路线。近年来中国开展了关于西南丝路的研究,主要是从文献记载和历史地理的考察来论证交通路线。考古学方面的研究较少,但都有相当重要的发现,如在云南江川李家山24号墓和云南晋宁石寨山西汉墓中都曾发现过蚀花肉红石髓珠,是在鸡血石上用化学方法腐蚀出各种花纹来,公元前2000年即在西亚和南亚出现。李家山24号墓的年代约在公元前6世纪,说明在这个时候我国西南地区已经与南亚和西亚有联系。在晋宁石寨山11号和12号汉墓中各出1件镀锡的铜质瓣纹盒(图一六),与广州南越王墓和山东临淄西汉齐王墓出土的银质列瓣纹盒的形制完全相同,它们都来自南亚或西亚。近年对

图一五　北京西晋华芳墓出土银铃　　　图一六　晋宁石寨山汉墓出土列瓣纹镀锡铜盒

佛教的传播也特别着重讨论了南方的路线。当然也包括西南路线。南方确实发现很多早期佛教造像和有关的遗物，如佛像镜和有白毫相的俑等。在四川成都等地也发现了早期的佛教造像，尚保存着浓厚的犍陀罗造像风格。

近年，在西南丝绸之路上最重要的考古发现，就是西藏吉隆县（宗喀县）阿瓦呷英山嘴摩崖上所刻的唐显庆三年（公元658年）《大唐天竺使出铭》，楷书阴刻24行，残存220字左右，记载唐使王玄策率刘嘉宾、贺守一等出使天竺，历经险阻，经"小杨同"过吉隆时，勒石记事。这是王玄策第二次出使天竺时所刻。这块铭记证实了王玄策两次出使天竺皆取道西藏，经尼泊尔至印度，即所谓"吐蕃尼婆罗道"。它的发现确定了这条路线的具体行径。

第四条是海上丝绸之路。海上丝绸之路考古主要是通过沿海对外港口城市的考古，以及各港口通往当时都城交通沿线上所发现的外国遗物来做研究的。自汉唐以来的沿海对外港口主要是广州、泉州、宁波和扬州，特别是广州自秦汉以来便是我国最重要的、经久不衰的对外港口，汉魏六朝时，自广州北上走官道过英德、曲江，翻大庾岭，经赣州、九江至南京（建康）；或过骑田岭，经郴州（桂阳）、长沙（临相）至江陵或鄂城，再至南京。这两条路线在近年考古中皆有外国遗物的新发现。当然其重点仍然是广州、泉州、宁波和扬州的发现。广州下塘狮带岗晋墓曾出土过残玻璃器，经化验为钠钙玻璃。1997年在浙江宁波发现波斯釉陶（图一七）。南京紫金山东晋墓也出土1件东罗马玻璃杯。

下面我想就近年关于中国境内丝绸之路的研究方面，提出几点意见，请教于诸位。

第一是关于西南丝绸之路的研究。中国境内的丝绸之路考古，集中在第一条即长安和洛阳经河西走廊至西域的路线，以及第二条北方草原丝绸之路上。至于西南丝绸之路，由于其本身地理环境所限制，在古代究竟如何与南亚和西亚交通，尚有很

图一七　宁波唐宋子城遗址出土波斯釉陶片

多疑问。譬如，西南丝绸之路上所发现的外国遗物，究竟是经西南本身输入的，还是通过海路或沙漠路线输入的呢？这确实是一个值得讨论的问题。时代最早的蚀花肉红石髓珠，在新疆和阗也有发现，虽然和阗的时代是公元前3至2世纪的，但它却说明蚀花肉红石髓珠不是没有可能是通过西域而传入云南的。从西域入四川和云南的关键通道是经青海通往南方的"河南道"。在公元4至6世纪西域与中国南方文化交流的通道，除经海路外，"河南道"也是不可忽视的途径。

第二，在丝绸之路上，古代的中国和罗马这两个东西方大国的交通和交流究竟是什么状态？近年有人提到两件事情：一是公元前54年有145名被俘虏的罗马人在甘肃永昌县建立了骊靬古城，并一直繁衍至今。新闻界连篇累牍地报导此事。这本是一个澳大利亚人毫无根据的臆想，学术界没有承认。不知为何，新闻界可能出于猎奇，大炒特炒，造成了很坏的影响。二是有人说在公元100年时（东汉永元十二年），罗马有一个商团到达洛阳，说得活灵活现，而且发表在中国社会科学的权威杂志上。甘肃永昌骊靬城的事，迹近荒唐，暂不置论。但公元100年罗马商团到洛阳的事却是涉及中国学术界学风问题的大事。对于这两件事情，邢义田先生都提出了严肃的批评。邢先生是美国夏威夷大学研究罗马史的博士，现又专研中国秦汉史，他在台湾《汉学研究》第十五卷第一期（1997年6月）上发表了《汉代中国与罗马帝国关系的再检讨（1985—1995）》一文，认为近十年来，在汉代中国和罗马帝国关系的研究上，不少学者急于论证汉代中国与罗马帝国之间曾有直接和密切的关系，如罗马俘虏建骊靬城和公元100年罗马商团抵达中国洛阳这两个事例，都是基于浪漫联想多于坚实论据。从考古学的发现，在印度曾出土大量的罗马钱币或其他罗马遗物，但在中国境内，迄今不见任何一枚属于汉亡以前（公元220年）的罗马钱币，极少数几件出土的罗马玻璃器，是否是罗马的原产品或其他地区的仿制品？它是如何进入中国的？如何传入的？都极不明确，因此，目前只能说汉代中国和罗马之间曾有间接且间断的关系。

邢先生特别论证了关于罗马商团的事。他仔细核对了罗马地理学家托勒密（Claudius Ptolemy，公元70～130年）《地理志》的各种译文，均得不出公元100年罗马商团到中国洛阳的史实。我认为这是一件捏造的伪史。这件事虽未被新闻界炒热，似乎也未被中国学术界所注意。但是，我希望在丝绸之路的研究中，要实事求是，以历史文献和考古材料为依据，切莫捕风捉影，哗众取宠。

到目前为止，我们没有发现罗马帝国与中国汉朝有直接来往关系的史料证据，《三国志》裴松之注引《魏略·西戎传》云："大秦国一号犁靬，在安息、条支西大海之西。……其俗人长大平正，似中国人而胡服。自云本中国一别也，常欲通使于中国，而安息图其利，不能得过。"[1]《后汉书·西域传》"大秦"条云："其王常欲通使于汉，而安息欲以汉缯彩与之交市，故遮阂不得自达。"[2] "安息"条又云："和帝永元九年（公元97年）都护班超遣甘英使大秦，抵条支。临大海欲度，而安息西界船人谓英曰：'海水广大，往来者逢善风，三月乃得度，若遇迟风，亦有二岁者，故入海人皆赍三岁粮。海中善使人思土恋慕，数有死亡者。'英闻之乃止。"[3]中亚的安息、波斯等一直垄断着东西方之间的丝绸贸易，阻止罗马与中国直接往来。所以，中国境内出土的罗马遗物是很少的，目前所知，只有在广州西汉中期（约公元前1世纪）墓中发现的罗马玻璃碗，扬州甘泉二号东汉墓（广陵王刘荆墓，卒于永平十年，公元67年）出土的罗马玻璃器残片，以及洛阳出土的公元2世纪的罗马玻璃瓶。这少数罗马遗物的发现，并不能说明当时罗马与中国有直接交往，很可能是间接而来的。《后汉书·西域传》云："桓帝延熹九年（公元166年），大秦王安敦遣使自日南徼外献象牙、犀角、玳瑁，始乃一通焉。"[4]据此，罗马与中国之交往还是通过海路而来的。那么，在广州和扬州发现的罗马遗物，便是很合情理的了。洛阳是当时中国的首都，能发现稀有的罗马遗物，也是可以理解的。

第三，在中国境内发现的外国遗物有一个显著的特点，它们都是在近几十年内在中国发现的。中国现代考古学在新中国建立之后，完全走上了一个科学发掘的阶段，绝大部分遗物都是经科学发掘出土的，有些是有明确纪年的，即便没有明确纪年的，也都是有较准确的相对年代的。众所周知，19世纪末和20世纪上半叶在中亚、西亚、地中海沿岸和北非各地发现的玻璃器、金银器、首饰等工艺品，有些并非是科学发掘品，特别是藏在欧美各大博物馆中的同类藏品，所标定的年代往往跨几个世纪，长期

---

[1]　《三国志》卷三十，页860，中华书局，1964年。
[2]　《后汉书》卷八十八，页2919、2920，中华书局，1973年。
[3]　《后汉书》卷八十八，页2918。
[4]　《后汉书》卷八十八，页2920。

以来很难对这些历史遗物作出深入的研究。因此,中国境内发现的这些外国遗物都有极明确的年代下限,它们的发现便成为重新鉴定世界各大博物馆这类藏品年代的标尺。我们要十分清楚研究中国境内发现的外国遗物在世界考古学上的重要意义。我们要加强保护这些外国遗物,积极开展与外国有关学者的共同研究工作,为世界考古学的学术研究作出贡献。

原载《西北大学史学丛刊》第2辑,三秦出版社,1999年。

近年关于丝绸之路考古的新发现和研究

"丝绸之路"从德国地理学家李希霍芬（Ferdinand Von Richthofen，1833～1905）提出以后，已经一个世纪了，它主要是指公元前2世纪至13、14世纪横贯亚洲陆路的交通干线，是古代中国同西方各国经济文化交流的通道。在这条路线上，运送的物品以中国古代的丝绸为大宗，故称为"丝绸之路"，这是一个很形像化的命名，很容易被人们所接受而通行起来。21世纪以来，中国学术界把古代中国与西方的交流路线统称为"丝绸之路"，不只陆路交通，也包括海上交通，海路多贩运中国古代瓷器，又称为"陶瓷之道"。不论"丝绸之路"或"陶瓷之道"，它们的研究都是以中外文化经济交流为主要内容的，皆冠以"丝绸之路"，似乎已约定俗成，人们都能理解。中国境内丝绸之路总括起来有四条：一是汉唐两京（长安和洛阳）经河西走廊至西域路，这是丝绸之路的主干道，包括原、会北道和青海道；二是中国北部的草原丝绸之路；三是云、贵、川和西藏的西南丝绸之路；四是东南沿海的海上丝绸之路。我今天讲的只限于这四条路线上的考古学的新发现和研究。

从考古学上研究丝绸之路，主要是通过丝绸之路沿线附近发现的有关遗迹与遗物，来考察行经路线之变化，研究中外文化经济交流的内容和历史。中国从事丝绸之路考古学研究的以向达和夏鼐两位先生最早。向达先生的名著《唐代长安与西域文明》发表于1933年[1]。50年代以来，中国现代考古学蓬勃发展，外国古代遗物在中国屡有发现，夏鼐先生做了一系列的研究，如关于中国发现的罗马、波斯萨珊、阿拉伯金

---

[1] 向达《唐代长安与西域文明》，《燕京学报》专号之二，1933年。

银钱币和金银器的研究[1],关于汉唐时代中外织物的研究[2],关于南亚或西亚的蚀花肉红石髓珠的研究[3],关于中国发现的元代基督教徒墓碑的研究[4]等,为建立中国丝绸之路考古学研究奠立了坚实的基础。1986年宿白先生《中国境内发现的中亚与西亚遗物》[5]和《中国境内发现的东罗马遗物》[6]两篇文章,是带有阶段性总结的重要著作。1994年,我在他们研究的基础上,搜集了20多个省市发现的108项(组)外国古代遗物,分列在两京至西域(或称沙漠路线)、北方草原和海上三条路线,加以综合论述[7],其中比较重要的有:西安隋唐墓出土的东罗马、波斯萨珊和阿拉伯金银币,扶风唐法门寺塔地宫出土的早期伊斯兰玻璃器,宁夏固原北周李贤墓出土的萨珊鎏金银壶,甘肃靖远出土的东罗马鎏金银盘,青海西宁出土的波斯萨珊银币,新疆吐鲁番阿斯塔那墓地出土的东罗马、波斯萨珊金银币和波斯锦,焉耆出土的狮纹、鸵鸟纹银盘和粟特文铭银碗,乌恰窖藏出土的900余枚波斯萨珊银币,洛阳出土的罗马玻璃瓶,山西大同北魏墓出土的萨珊刻花金银器和玻璃器,辽宁朝阳辽耿延毅墓出土的伊斯兰玻璃器,北票北燕冯素弗墓出土的东罗马玻璃器,内蒙古昭乌达盟敖汉旗李家营子辽墓出土的萨珊金银器,哲里木盟奈曼旗辽陈国公主墓出土的伊斯兰玻璃器,河北定县静志寺塔墓出土的伊斯兰玻璃器,广州西汉南越王墓和山东临淄西汉齐王墓出土的列瓣纹银盒,广东遂溪南朝窖藏出土的粟特银碗,广州东汉墓、长沙汉晋墓和扬州东汉墓出土的南亚多面金珠,福州五代刘华墓出土的波斯孔雀蓝釉陶瓶,南京东晋墓出土的东罗马玻璃器和南亚金刚石戒指,河南固始春秋墓和湖北随县曾侯乙墓出土的西亚镶嵌玻璃珠等[8]。但是,未包括宗教类的遗物和伊斯兰、基督教徒的墓碑、墓石等。事隔五年,新发现不断,现择其重要者略述于下:

青海都兰热水吐蕃(吐谷浑)墓地出土的粟特锦 吐谷浑是慕容鲜卑的一支,

---

[1] 夏鼐《中国最近发现的波斯萨珊朝银币》,《考古学报》1957年2期;《综述中国出土的波斯萨珊朝银币》,《考古学报》1974年1期;《西安土门村唐墓出土的拜占廷式金币》,《考古》1961年8期;《咸阳底张湾隋墓出土的东罗马金币》,《考古》1959年3期;《西安唐墓出土阿拉伯金币》,《考古》1965年8期;《北魏封和突墓出土萨珊银盘考》,《文物》1983年8期。

[2] 夏鼐《近年中国出土的萨珊朝文物》,《考古》1978年2期。

[3] 作铭(夏鼐)《我国出土的蚀花的肉红石髓珠》,《考古》1974年6期。

[4] 夏鼐《扬州拉丁文墓碑和广州威尼斯银币》,《考古》1979年6期。

[5] 宿白《中国境内发现的中亚与西亚遗物》,《中国大百科全书·考古学卷》页677~681,中国大百科全书出版社,1986年。

[6] 宿白《中国境内发现的东罗马遗物》,《中国大百科全书·考古学卷》页676、677。

[7] 参考拙著《考古学上所见中国境内的丝绸之路》,《燕京学报》新一期,1995年;又见《十世纪前的丝绸之路和东西文化交流》页239~289,新世界出版社,1996年;又收入《中国历史考古学论丛》页361~411,(台北)允晨文化实业股份有限公司,1995年。

[8] 以上所举各项发现之资料来源出处,均请参阅拙著《考古学上所见中国境内的丝绸之路》之注释,此不赘引。

公元4世纪初从东北迁移至今甘肃、青海之间,都伏俟城,遗址在今青海湖西岸[1],都兰墓地则在伏俟城西南。公元7世纪中叶,吐蕃逐吐谷浑于凉州,其故地为吐蕃所占领。但是,有很多吐谷浑人并未离开其故地,仍在湟水和大通河流域聚地自保。因此,都兰墓地在年代上虽已进入吐蕃占领时期,然被埋葬的人仍有可能是吐谷浑人。80年代已发掘的都兰墓地的正式报告尚未发表,从零星发表的材料看,墓中出土的大批丝织品中有很多是波斯锦,它的种类远远超过吐鲁番阿斯塔那墓地所出,如联珠纹佛像·狩猎纹锦、黄地鹰纹锦、织有"王中之王、伟大的、光荣的"文义的巴列维(Pahlavi)文的红地锦等[2]。这种波斯锦主要产于今乌兹别克斯坦布哈拉附近,即"昭武九姓"的安国地区,故又称为"粟特锦"。都兰吐蕃墓地的发现和波斯锦的出土,再次证明丝绸之路"青海道"的重要性。以伏俟城和都兰为枢纽,有三条路线通过这里:第一条是从金城(兰州)经鄯州(乐都)、鄯城(西宁),过赤岭(日月山),沿青海湖南北岸至伏俟城,西去小柴旦、大柴旦,北转当金口至敦煌;第二条是从伏俟城到都兰,经诺木洪至格尔木,西北过茫崖镇至若羌;第三条是从青海入西藏到尼泊尔、印度的路线,这已属于西南丝绸之路的范畴了。为了叙述的方便,我下面接着介绍西南丝路的重要考古发现,把丝路"青海道"和西南丝路的发现合并讨论。

西藏吉隆发现的《大唐天竺使出铭》　　都兰吐蕃墓地发现后,引起了学术界的重视。多杰才旦首先注意到了从青海入西藏至尼泊尔、印度的道路,有一条是经青海湖、"吐谷浑衙帐"入藏的,即唐道宣《释迦方志·遗迹篇》所记的东道:

> 其东道者,从河州西北度大河,上漫天岭,减四百里至鄯州。又西减百里至鄯城镇,古州地也。又西南减百里至故承风戍,是隋互市地也。又西减二百里至清海,海中有小山,海周七百余里。海西南至吐谷浑衙帐。又西南至国界,名白兰羌。北界至积鱼城。西北至多弥国。又西南至苏毗国。又西南至敢国。又南少东至吐蕃国。又西南至小羊同国。又西南度呾仓法关,吐蕃南界也。又东少南度末上加三鼻关。东南入谷,经十三飞梯、十九栈道。又东南或西南,缘葛攀藤,野行四十余日,至北印度尼波罗国。[3]

---

[1]　黄盛璋等《吐谷浑故都——伏俟城发现记》,《考古》1962年8期;《吐谷浑故都伏俟城与中西交通史上的青海道若干问题探考》,《历史地理》第五辑,此文已收入黄氏《中外交通与交流史研究》,安徽教育出版社,2002年。
[2]　许新国、格桑本《都兰热水唐代吐蕃墓》,《中国考古学年鉴(1985)》页171、172;许新国、赵丰《都兰出土丝织品初探》,《中国历史博物馆馆刊》1991年15、16期合刊;又可参见《中国文物精华(1997)》图版120、128、129及其说明,文物出版社,1997年。
[3]　道宣《释迦方志》页14、15,中华书局,1983年。

多杰才旦认为，上述"其路线（西宁以前不赘）大体是：从西宁出发，西南经湟中越拉脊山口（故承风戍），然后西走青海湖南畔至都兰（吐谷浑衙帐），再穿河源西侧，经七渡口过青海玉树州西三县境，越唐古拉山脉（很可能走查吾拉山口）抵西藏那曲地区东部的巴青或聂荣（敢国），再经那曲（县）、旁多、林周等地抵拉萨；然后向西南经过年楚河畔（小羊同国），或经吉隆（很可能就是此地），或经聂拉木到达尼泊尔"。"应该指出，道宣本人未走此路，而是根据别人的介绍记载的，有些误差可以理解；此外，这一记载所立足的时间大约在隋末唐初，应该说是对丝路吐蕃道最早的具体记录。……尤其是'吐谷浑衙帐'以东、以南地段，与唐代其他记载是有差别的，因而也更显其珍贵"。"唐初，李义表使印度走的是这条路，王玄策三使印度的后两次也走的是这条路，而且泥婆罗国'遣使入献波稜酢菜、浑提葱'以及印度制糖法的传入无疑也都通过这条路。不仅如此，唐代西行求经之僧徒共五十余人，其中取道河源、吐蕃、泥婆罗进出者，计有玄照、道希、玄太、玄恪、道方、道生、师子慧、慧轮八人。这些史事为标明这条丝路支线的历史作用绘下了浓重一笔"[1]。

多杰才旦写《关于丝路吐蕃道的交通路线问题》这篇文章时是1990年7月，正在此时，1990年6月在西藏吉隆（旧名"宗喀"）县城北约4.5公里处的阿瓦呷英山嘴崖壁上，发现一块题为"大唐天竺使出铭"的摩崖碑刻[2]。碑铭宽81.5、残高53厘米，上端正中横刻篆文额题"大唐天竺使出铭"七字，碑文阴刻楷书24行，行字间阴刻细线方格，兹录残文如下：

记录人刘嘉宾撰□记录人□
□人□□粤书　贺守一书
维显庆三季六月大唐驭天下之□
圣□（朝？）系萦重光玄化法于无空□
□□方道格□穹□（于）三五以□
□及踵贯（匈？）之国觇风雨而来□
踰山海而（输）（赍？）粮身毒近隔□
□□序皇上轸念濡□
大□□左骁卫长史王玄策宣□

---

[1] 多杰才旦《关于丝路吐蕃道的交通路线问题》，《传统文化与现代化》1995年4期；又见《十世纪前的丝绸之路和东西文化交流》页33～48。
[2] 西藏自治区文管会文物普查队《西藏吉隆县境内发现唐显庆三年〈大唐天竺使出铭〉》，《考古》1994年7期，页619～623；霍巍《〈大唐天竺使出铭〉及其相关问题的研究》，《东方学报（京都）》第64期，页253～270，1994年。

刘仁楷选关内良家子六(人?)□
　　乱之方□□□边之术于是出□
　　声超雪岭指鹫山以遁鹜□
　　季夏五月届于小杨童之西□
　　时水□方壮栈□(阁?)乃权□
　　山隅□则雪□拥□□□白云□
　　迥拥墨雾而□□而瞰连峰□
　　箭水樬万壑之□流寔天□
　　险也但燕然既迩犹刊石以□
　　铜而□□况功百往□路□□
　　之□猷默皇华之□□
　　小人为其铭曰
　　懿皇华兮奉□天则骋輶□
　　穷地域勒贞石兮灵山侧□
　　使人息王令敏□(与?)使侄□[1]

《大唐天竺出使铭》是唐显庆四年(公元659年)五月,王玄策第三次出使天竺时所刻。铭文由正使王玄策授义,记录人刘嘉宾撰,贺守一书;同行者有王玄策之子王令敏和他的侄子,还有由刘仁楷选来的关内良家子若干人。于五月间来到小杨童之西,遇水受阻,乃刻铭以记其事。自发现以来,有些学者做了研究,而以1998年7月发表的黄盛璋的论文[2]最为全面。《大唐天竺使出铭》是研究唐代吐蕃入泥婆罗交通路线最重要的实物证据,也解决了长期以来有争论的唐初吐蕃泥婆罗道是出吉隆抑或是出聂拉木的问题,王玄策在吉隆刻石直接说明了吐蕃泥婆罗道是出吉隆。同时,它也证明了王玄策出使天竺的行经路线,就是道宣《释迦方志》所记通印度三道中的东道,其中的小羊同即《使出铭》中的小杨童,其地当在今年楚河畔以西、宗喀山口东北不远之处,《使出铭》碑刻正在其西。这条路线的北段,有青海湖西南伏俟城和都兰吐蕃墓地的发现,进一步说明丝绸之路青海道与吐蕃泥婆罗道是沟通中亚、西域和南亚的国际路线。而其连接点便在都兰。这是近年丝绸之路考古学上最重要的和最有价值的发现。

---

[1] 铭文录文以霍巍原始录文为底,并参照黄盛璋等各家录文,有所修订。
[2] 黄盛璋《西藏吉隆县新发现王玄策〈大唐天竺使出铭〉主要问题考辨》,《故宫学术季刊》第十五卷四期,页77～108。另有霍巍《从考古材料看吐蕃与中亚、西亚的古代交通——兼论西藏西部在佛教传入吐蕃过程中的历史地位》,《中国藏学》1995年4期,页48～63,亦可参考。

图一　固原隋唐史家墓地出土金币及印章

1. 史索严墓出土金币　2. 史诃耽墓出土金币　3. 史铁棒墓出土金币
4. 史诃耽墓出土宝石印章　5. 史道洛墓出土东罗马金币

宁夏固原隋唐史家墓地出土的仿制东罗马金币和蓝宝石狮纹印章　固原北朝为高平,隋唐为原州。北周李贤墓的发现引起了人们对固原考古的注意。20世纪80年代以来,陆续发掘了隋唐史家墓地,史姓是昭武九姓之一。以前曾在隋大业六年(公元610年)史射勿墓中发现萨珊卑路斯银币,在唐仪凤三年(公元678年)史道德墓中发现仿制的东罗马金币。其后,又在唐麟德元年(公元664年)史索严墓中发现一枚金币,直径1.9厘米,重0.8克,很薄,已被剪边,单面有皇帝半身像,铭文模糊,上下各有穿孔(图一,1)。在唐咸亨元年(公元670年)史诃耽墓出土的金币直径2.3厘米,重2克,单面有皇帝像,铭文变形,难以辨识(图一,2)。也是咸亨元年的史铁棒墓,出土的金币直径2.5厘米,重7克,单面有国王侧面像,铭文不辨,上端有穿孔(图一,3)。史家墓地出土的4枚东罗马金币,全是仿制品,它们大概都是阿拉伯的仿制品,也有可能是中亚粟特地区的仿制品。所以,出于昭武九姓后裔的墓中是很合理的事,他们按照其民族习惯,死后往往口含或手握钱币。在史诃耽墓中还出土了1枚蓝色圆形宝石印章,直径1.6厘米,厚0.5厘米,印文凹雕卧狮和三枝有叶的树,四周雕一圈铭文(图一,4)[1]。有人认为印章上的铭文是中古波斯文,意为自由、繁荣、幸福,狮身后的树是祆教中的生命树[2]。最近,又在唐显庆三年(公元658年)史道洛墓中发现

---

[1] 罗丰《固原南郊隋唐墓地》,文物出版社,1996年。
[2] 林梅村《固原粟特墓所出中古波斯文印章及其相关问题》,《考古与文物》1997年1期,页50~54。

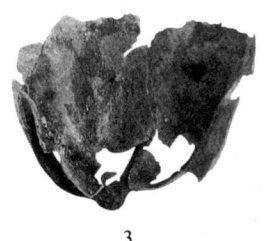

图二　固原史道洛墓出土玻璃器

1. 六曲玻璃器侧视（590-1）　2. 六曲玻璃器底视（590-1）
3. 六曲玻璃器侧视（706-3）　4. 六曲玻璃器底视（706-3）

金币和残玻璃器（图一，5；图二）。史家墓地仍在发掘，丝绸之路原、会支线上屡次发现外国遗物，说明这条路线的重要性。

新疆出土的外国丝毛织物、玻璃器和首饰　新疆的丝路考古一直引人注目，前年在上海博物馆展出的新疆丝路珍品，又公布了一批很重要的外国遗物。尉犁营盘墓地在从楼兰去尉犁路上孔雀河东岸的要冲之地，1995年11月至12月共发掘了100余座墓，未被盗掘过的有32座，其中第15号墓保存最好，为长方形竖穴土坑墓（2.9×1.46×1.8米），葬具为箱式木棺，棺外皮画彩色图案，有类似阿堪突斯（Acanthus）的叶纹图案，棺盖上盖长方形彩色狮纹栽绒毛毯。死者男性，高1.8米，约25岁，干缩呈灰褐色，棕发，挽单髻于脑后，扎绢带，身穿淡红地对人对兽对树罽袍（长110厘米），头枕绢制鸡鸣枕，面盖麻质面具，脚穿贴金毡袜，身盖淡黄色绢衾（图三）。在死者胸前和左手处有两件用绢缝制的长22～26厘米的小衣服各一件，用意不明。此墓的年代，据发掘者推测应在汉晋之际[1]。彩色狮纹栽绒毛毯和淡红地对人对兽对树罽袍，显然是西亚或中亚的织物。营盘9号墓出土1件萨珊玻璃杯，高8.8厘米[2]，1号墓和26号墓都出有玻璃项链[3]。南疆的洛甫山普拉墓地出土的武士像挂毯，残长116

图三　尉犁营盘墓地第15号墓出土男尸

---

[1]　新疆文物考古研究所《新疆尉犁县营盘墓地15号墓发掘简报》，《文物》1999年1期，页4～16。
[2]　新疆文物事业管理局、上海博物馆等编《新疆维吾尔自治区丝路考古珍品》第137号，上海译文出版社，1998年。
[3]　《新疆维吾尔自治区丝路考古珍品》第141号。

厘米,武士执矛,上部为花形联珠纹人首马身像,它的时代约为公元2世纪(图四)[1]。1996年在交河城沟西车师墓地1号墓中出有金冠、金戒指和牛头形的绿松石耳饰[2]。同年在且末扎滚鲁克一号墓地49号墓(公元317～420年)出土过1件萨珊玻璃杯,高6.8厘米[3]。在库车森木塞姆石窟中也出土1件玻璃杯,高9.7厘米,腹部有贴饼作装饰(图五)[4]。新疆是丝绸之路考古研究的重地,以上所举者仅数例而已。

其他如洛阳汉魏故城遗址中出土的仿萨珊玻璃器的釉陶碗,口径8.2厘米,高5.6厘米[5]。当时真正的萨珊玻璃碗是十分珍贵的,故而才有釉陶仿制品的出现。在洛阳偃师杏园1902号唐墓中还出土了1枚金戒指,外径2.2厘米,内径1.6厘米,重6.5克,戒面嵌紫色水晶石,上刻反体巴列维文,自右至左意为"好极啦","奇妙无比",以此为印章。同样戒印在伊朗也有发现[6]。波斯孔雀蓝釉陶器曾在福州和扬州发现,近年又在宁波发现,可见它们都是从海路上运来的。

中国的丝绸之路考古研究在近年国内外学术界出现了一个小热潮,发表了很多论文和专著,取得了成果。下面我想就近年中国丝绸之路考古研究方面谈一点个人意见。

第一,关于早期北方丝路考古的研究 中国北方横贯欧亚大陆的草原丝绸之路是历史最悠久、持续时间最长的交通路线。它比汉唐两京通西域的沙漠丝绸之路要早得多。汉张骞通西域是中国官方政

图四 洛甫山普拉墓地出土武士像挂毯

图五 库车森木塞姆石窟出土玻璃杯

---

[1] 《新疆维吾尔自治区丝路考古珍品》第65号。
[2] 《新疆维吾尔自治区丝路考古珍品》第110～112号。
[3] 《新疆维吾尔自治区丝路考古珍品》第124号。
[4] 《新疆维吾尔自治区丝路考古珍品》第125号。
[5] 中国社会科学院考古研究所《考古精华》第223版,图1,科学出版社,1993年。
[6] 中国社会科学院考古研究所河南二队《河南偃师杏园村唐墓的发掘》,《考古》1996年12期,页1;森本公诚《偃师杏园1902号唐墓出土金戒指上的铭文》,《考古》1996年12期,页23。

府通西域之始，而中国民间在此以前早已与外界有交往。远的不说，从商代以来中国便通过北方草原与西方中亚、西亚等地交流，安阳殷墟的考古发现已证实了这一点。譬如在殷墟发现的马车（图六），有的西方学者便认为是西亚两河流域传来的，后来又在前苏联境内的亚美尼亚（Armenia）赛万湖南岸的喀申（Lchashen）古墓中发现了公元前1500年的马车，与殷墟的马车很相似，却比殷墟马车的年代要早300年左右。夏鼐认为马车在公元前1200年前后从西北传进中国[1]。殷墟的马车确实已不是原始型的车，几十年来我们也没有在此前的新石器时代诸文化遗址中发现任何有关车子的影子，在中国找不到马车的雏形和发展的痕迹，但是，马车如何从中亚传到殷墟，也是一个谜。最近在河南偃师商城内一条道路上发现了车辙，这个车辙的地层年代为公元前1500年[2]，正与喀申马车年代相当，遗憾的是只有车辙，没有车和马，而且车辙只有1.2米宽，与殷墟马车辙宽2.2～2.4米相差太远，说不清楚是什么车。这个发现并不能否定夏鼐的论点，还要继续探索。另一个例子便是商周以来在中国北方形成的"北方式青铜器"（也曾称为"鄂尔多斯青铜

图六　殷墟车马坑

---

[1]　夏鼐《中国马车的起源及其历史意义》，英文稿载《哈佛亚洲学报》第84卷第1期（1988年），中文译文收入该氏《温故知新录——商周文化史管见》页49～88，（台北）稻禾出版社，1997年。

[2]　中国社会科学院考古研究所河南第二工作队《河南偃师商城东北隅发掘简报》，《考古》1998年6期，页1～8；杜金鹏等《试论河南偃师商城东北隅考古新收获》，《考古》1998年6期，页9～13。

器")文化,以青铜武器、工具、马具和装饰品等为主要内容,以动物形象装饰纹样为特征,是一种游牧民族的文化,以他们为中介,促进了商周与外贝加尔湖、南西伯利亚、中亚、黑海北岸草原等区的文化交流。林沄和杜正胜等都做过很好的考察和研究[1]。目前,要深入探求的问题还很多,游牧民族移动快,考古遗址难保存,年代不易确定,再加上民族关系复杂,研究起来十分棘手,但却是一个十分重要、值得研究的学术课题。

第二,关于西南丝绸之路的研究 通过西藏吉隆《大唐天竺使出铭》的发现,唤起了我们对西南丝路研究的兴趣。云南晋宁石寨山西汉墓和云南江川李家山22号墓均曾出土过花纹简单的蚀花肉红石髓珠[2]。蚀花肉红石髓珠是在鸡血石上用化学的方法腐蚀出各种花纹,公元前2000年即在西亚和南亚出现。江川李家山22号墓的年代约在公元前6世纪,说明西亚、南亚与中国西南川滇交通,并不比张骞通西域晚,张骞在大夏时见过来自身毒(印度)的蜀布(见《史记·大宛列传》)。稍晚一些的还有晋宁石寨山西汉墓出土的中亚或西亚的列瓣铜盒[3],以及最近在四川成都发现的有浓厚犍陀罗风格的南朝佛教造像(图七)[4],它们都是从哪条路线进入川滇的?值得注意。同时,对南朝与西域交通路线上的"河南道"(即从四川经青海东南部入"青海道")的作用,也应充分估计。

第三,关于中国古代与罗马之间的交通关系问题 本来中国古代与罗马之间没有直接的交通来往关系是很清楚的事。近年有些人不知何故,千方百计要从考古上证明汉代与罗马有直接关系,最明显的有两个例子:一是关于在甘肃永昌发现古罗马军队居住的骊靬古城及其后裔的事[5];另一个是林梅村撰文论证公元100年时有一个罗马商团到了中国东汉都城洛阳[6]。关于这两个说法,邢义田在1997年6月发表的《汉代中国与罗马帝国关系的再检讨》一文[7],作了充分的剖析和驳斥,指出两

---

[1] 林沄《商文化青铜器与北方地区青铜器关系之再研究》,《考古学文化论集》页129～155,文物出版社,1987年;杜正胜《欧亚草原动物文饰与中国古代北方民族之考察》,《中研院史语所集刊》第六十四本第二分,页231～408,1993年;田广金、郭素新《鄂尔多斯式青铜器》,文物出版社,1986年;乌恩《我国北方古代动物纹饰》,《考古学报》1981年1期;乌恩《中国北方青铜透雕带饰》,《考古学报》1983年1期。
[2] 张增祺《战国至西汉时期滇池区域发现的西亚文物》,《思想战线》1982年2期,页83、84。
[3] 云南省博物馆《云南晋宁石寨山古墓群发掘报告》,文物出版社,1959年。
[4] 成都市文物考古所《成都市西安路南朝石刻造像清理简报》,《文物》1998年11期,页4。
[5] 《古罗马军队消失有新发现》,《人民日报(海外版)》1993年7月12日第3版。
[6] 林梅村《公元100年罗马商团的中国之行》,《中国社会科学》1991年4期,又收入该氏自选集《西域文明——考古、民族、语言和宗教新论》,东方出版社,1995年。
[7] 邢义田《汉代中国与罗马帝国关系的再检讨》,《汉学研究》第15卷第1期,页1～31,1996年。

图七 成都市西安路出土犍陀罗风格南朝造像

说基于浪漫联想者多于坚实论据,在中国境内迄今不见任何一枚属于汉亡以前(公元220年)的罗马钱币,极少数几件出土的罗马玻璃器,是否为其他地区所仿制,由谁如何传入中国,都极不明确,依目前的证据看,只能说汉代中国和罗马之间曾有过间接且间断的联系。

寻找骊靬古城事近荒诞,又无文物考古界人士之参与,在学术上没有什么影响。罗马商团到洛阳的事,却是考古学界本身的事,而且发表在中国社会科学的权威杂志上。邢义田的论文首先核对了林文所依据的托勒密《地理志》的各种译文,均得不出公元100年罗马商人到中国洛阳的史实,举出七条林文失实的材料,证明林文所说的史实都是毫无根据自己编造的。邢文发表后,林氏没有正面答复,却于1998年5月在其新结集的论文集中发表《中国与罗马的海上交通》一文,坚持原来观点,把中国沿海地区出土的金币、陶器、银器和玻璃器都算作罗马遗物,而且根据某些古地名的对音,复原了一条从罗马城到广州的航线,所用的编造方法完全与罗马商团的相同而且更为离奇,如说方士入海求仙是开辟这条航线的动力等,甚至在引用材料上竟把自己编造的荒诞之词加到别人身上去[1]。这是很不严肃和很不负责任的学风问题。

原载辅仁大学历史系编《"七十年来中西交通史研究的回顾与展望——以辅仁大学为中心"学术研讨会论文集》,台北,2000年。

---

[1] 林梅村《中国与罗马的海上交通》,《汉唐西域与中国文明》页307~321,文物出版社,1998年。该文在谈到广州南越王墓出土的列瓣银盒和其他出土品时,说:"墓中不仅随葬了和西汉齐王墓随葬坑所出列瓣纹银盒几乎完全一样的罗马银盒,还出土了非洲的象牙和产自红海沿岸的乳香。……出土时银盒内藏有药丸,不知是否为来自远方异国的'不死之药'。……乳香主要产于红海沿岸,当时罗马商人又频繁活动于红海海域,所以这些乳香完全可能是经罗马商人之手传入广州的。"并在注释28中注明以上这些话都出自我的文章。我在《考古学上所见中国境内的丝绸之路》一文曾谈到广州南越王墓出土品,我只说列瓣银盒是"西亚或中亚之产品","出土时盒内藏有药丸","乳香主要产于红海沿岸,南越王从南亚进口乳香是完全可能的。"上引林文中加着重号的话,全是林氏给我编造出来的,不得不辩。

在西部开发中关于中外
关系史的考古学研究

在西部开发文物工作会议上,让我来谈中国古代对外关系史的考古学研究。首先应当声明,我对这方面没有深入的研究,从一个考古工作者的角度,就考古遗迹遗物的发现来谈中国古代对外关系。我国的西部,特别是西北部在历史上是从陆路向中亚、西亚和欧洲交通的孔道。中国古代对外交通也有海路,中国的海岸线很长,但海路对外交通要比陆路晚一些。我们今天谈西部开发,所以主要是讲我国西部也就是西北和西南的对外关系和文化交流的考古发现和研究,以及今后在考古田野工作和研究工作中的一些问题。

中国古代对外关系史考古学研究的回顾

从考古学角度来研究中国古代对外关系史主要是以考古发现的有关遗迹和遗物为对象。首先,要掌握在中国境内发现的不同时代的外国遗物,并确定这些外国遗物出土的准确地点和时代;其次,要考虑这些外国遗物的出土地点与当时交通路线的关系,这些交通路线很可能便是古代通往国外的交通路线。通过考古学发现的遗迹遗物来恢复不同时代通往国外的交通路线,目前是中国古代对外关系史考古学研究的一项很重要的工作。更高一个层次的研究,是根据已发现的外国遗物和受外国文化影响的中国遗物,来研究中国古代文化汲取外来文化的情况,这个研究范围更加广泛,有文化艺术方面的,有生活习俗方面的,有科学技术方面的,也有资源物产方面的。中国古代对外关系史考古学研究的课题有三个层次,外国遗迹遗物的发现是基础,其次是国际交通路线的拟定,最后是中外文化交流的综合研究。国际交通路线的拟定和中外文化交流的综合研究,既可以同时并进,也可以单独进行。上面所说的仅是这个研究课题内容的一个方面,另一个方面则是中国古代遗物在境外各地的发现,即中国古代文化向世界传播的情况。这两个方面结合起来才能构成中国古代对外关系史考古学研究的全部内容。

回顾中国古代对外关系史的研究,在20世纪上半叶有张星烺、冯承钧和方豪的研究成果[1]。国外学者如伯希和和羽田亨等也有许多研究成果[2]。从考古学的角度来研究中国古代对外关系史的论著,则以向达先生《唐代长安与西域文明》一书开始,1933年《燕京学报》以专号形式刊出。向先生这部著作充分利用了考古学(遗迹遗物)的资料,论述唐代中外文化交流的史实,他既是历史学家又是考古学家,把历史与考古密切结合,这是20世纪前半叶中国对外关系史考古学研究最高水平的名著。

20世纪下半叶则以夏鼐先生的研究为代表,他的研究是以建国后考古新发现的资料为基础的,如关于中国境内发现的东罗马、波斯、阿拉伯金银币和金银器的研究,关于汉唐时代中国丝织物和中亚仿制中国丝织物(称为波斯锦或粟特锦)的研究,关于南亚或西亚蚀花肉红石髓珠的研究,关于中国境内发现的元代基督教徒墓碑的研究等。夏先生还对中国古代和非洲、巴基斯坦、伊朗、柬埔寨等国家的文化交流作过论述,也对中国近代与瑞典等北欧国家的文化交流发表了意见[3]。80年代以后,宿白先生继续对中国古代对外关系史的考古学研究作出了贡献,如关于玻璃器、金银器和丝织物的研究,都有精辟的论述[4]。他在北京大学考古系主讲"中外文化交流的考古学"课程。1986年他在《中国大百科全书·考古学卷》上发表了《中国境内发现的中亚与西亚遗物》和《中国境内发现的东罗马遗物》,这两篇文章是带有阶段性总结的重要著作。至1994年为止,在20多个省市发现有108项(组)外国古代遗物,发现的地点分布在汉唐两京(西安和洛阳)至西域的交通路线(或称之为"丝绸之路"的沙漠路线)上,北方草原,西南云、贵、川、藏路线和海路之上。比较重要的有:西安隋

---

[1] 张星烺《中西交通史料汇编》第一至六册,"辅仁大学丛书"第一种,1930年。冯承钧《西域南海史地考证论著汇辑》,中华书局,1957年;《中国南洋交通史》,商务印书馆,1998年重印本。方豪《中西交通史》两册,岳麓书社,1987年。

[2] 冯承钧曾编译伯希和等人的研究论文为《西域南海史地考证译丛》第一至第九编,商务印书馆1995年重印本。羽田亨《西域文明史概论》,日本弘文堂书局,1931年。

[3] 参见《夏鼐文集》下册,第五编《中外关系史的考古研究及外国考古研究》所收各论文。《夏鼐文集》上、中、下三册,社会科学文献出版社,2000年。

[4] 参见《丝绸之路——汉唐织物》,文物出版社,1972年;宿白《中国古代金银器和玻璃器》,《中国文物报》1992年4月26日、5月30日第3版;宿白《西藏发现的两件有关古代中外文化交流的重要文物》,《十世纪前的丝绸之路和东西文化交流》页405~411;宿白《定州工艺与静志、净众两塔地宫文物》,《文物》1997年10期,页36~47。

唐墓出土的东罗马、波斯萨珊和阿拉伯的金银币，陕西扶风唐法门寺塔地宫出土的早期伊斯兰玻璃器，宁夏固原北周李贤墓出土的萨珊鎏金银壶，甘肃靖远出土的东罗马鎏金银盘，青海西宁出土的波斯萨珊银币，新疆吐鲁番阿斯塔那墓地出土的东罗马、波斯萨珊金银币和"波斯锦"，焉耆出土的狮纹、鸵鸟纹银盘和有粟特文铭的银碗，乌恰窖藏出土的900余枚波斯萨珊朝银币，洛阳出土的罗马玻璃瓶，山西大同北魏墓出土的萨珊刻花金银器和玻璃器，辽宁朝阳辽耿延毅墓出土的伊斯兰玻璃器，北票北燕冯素弗墓出土的东罗马玻璃器，内蒙古昭盟敖汗旗李家营子辽墓出土的萨珊银器，哲里木盟奈曼旗辽陈国公主墓出土的伊斯兰玻璃器，河北定县静志寺塔基出土的伊斯兰玻璃器，广州西汉南越王墓和山东临淄西汉齐王墓出土的列瓣银盒，广东遂溪南朝窖藏出土的粟特银碗，广州东汉墓、长沙汉晋墓和扬州东汉墓出土的南亚多面金珠，扬州唐城和福州五代刘华墓出土的波斯孔雀蓝釉陶瓶，南京东晋墓出土的东罗马玻璃器和南亚金刚石戒指，河南固始春秋墓和湖北随县曾侯乙墓出土的西亚镶嵌玻璃珠。这些发现表明：中国境内与对外关系有关的国际交通路线（也就是被称为"丝绸之路"的路线）有四条：一是汉唐两京（西安和洛阳）经河西走廊至西域路，这是丝绸之路的主干道；在新疆地区按时代之不同可分为南路、中路和北路；在这条主干道上还包括原（固原）会（靖远）北道和青海道。二是中国北部的草原丝绸之路，这是一条非常古老的横贯欧亚大陆的交通路线。三是云、贵、川和西藏的西南丝绸之路。四是东南沿海（包括广西、广东、福建、浙江）和东北亚沿海（主要是山东、河北和辽宁）丝绸之路。在这四条路线上及其附近地区，都有不同时代的外国遗迹和遗物的发现[1]。

1994年以后又有许多重要资料的发现和发表，如青海都兰热水吐蕃（吐谷浑）墓地出土的粟特锦[2]，宁夏固原北周田弘墓和隋唐史家墓地出土的仿制东罗马金币（图一）和蓝宝石印章等[3]，西藏吉隆发现的《大唐天竺使出铭》刻石[4]，新疆尉犁营盘墓地出土的西亚或中亚丝织物、毛织物、萨珊玻璃杯和首饰[5]，新疆洛甫山普拉墓地出土的公元2世纪武士像挂毯[6]，新疆吐鲁番交河城沟西车师墓地出土的金冠、金戒指和

---

[1] 参见拙著《考古学上所见中国境内的丝绸之路》。
[2] 许新国、赵丰《都兰出土丝织品初探》，《中国历史博物馆馆刊》1991年，页15、16。
[3] 原州联合考古队《北周田弘墓》，日本勉诚出版社，2000年；《唐史道洛墓》，日本勉诚出版社，2000年。
[4] 西藏自治区文管会普查队《西藏吉隆发现唐显庆三年〈大唐天竺使出铭〉》，《考古》1994年7期。
[5] 新疆文物考古研究所《新疆尉犁县营盘墓地15号墓发掘简报》，《文物》1999年1期。
[6] 新疆维吾尔自治区博物馆、新疆文物考古研究所《中国新疆山普拉——古代于阗文明的揭示与研究》，新疆人民出版社，2001年。

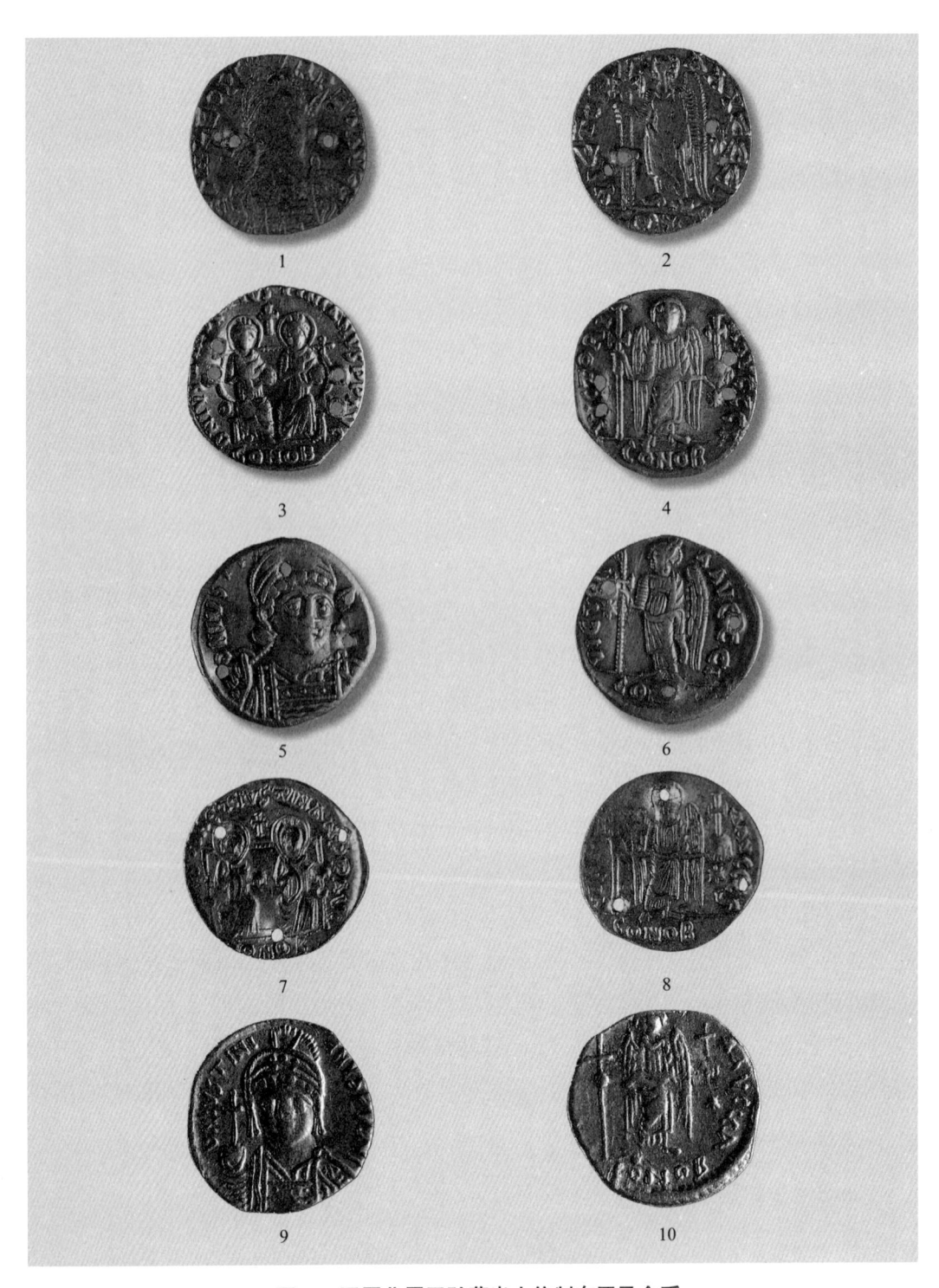

图一　固原北周田弘墓出土仿制东罗马金币

1. 列奥一世金币(M1:52)正面　2. 列奥一世金币(M1:52)背面　3. 查士丁尼一世金币(M1:53)正面　4. 查士丁尼一世金币(M1:53)背面　5. 查士丁一世金币(M1:54)正面　6. 查士丁一世金币(M1:54)背面　7. 查士丁尼一世金币(M1:55)正面　8. 查士丁尼一世金币(M1:55)背面　9. 查士丁尼一世金币(M1:56)正面　10. 查士丁尼一世金币(M1:56)背面

牛头形绿松石耳饰[1],新疆且末扎滚鲁克和库车森木塞姆石窟出土的萨珊玻璃杯[2]。1999年7月在山西太原发现的隋开皇十二年(公元592年)虞弘墓石椁上的彩色石雕画(图二)[3],以及2000年5~7月间在西安北郊发现的北周大象元年(公元579年)安伽墓的石榻和石围屏上的彩色石雕画(图三)[4],彩画贴金,富丽之极。这两座墓的发现十分重要。第一,两墓皆有墓志,安伽曾任同州萨保,虞弘曾"检校萨保府",说明这两座墓的墓主皆与祆教有关。第二,虞弘墓石椁正面和安伽墓门楣上所刻的火坛和司祭人,图像的细部虽有不同,但主题明确,说明墓主与祆教有密切的关系。第三,与墓主生前生活有关的图像,诸如宴饮、出行、狩猎等场面,既反映着与中原汉人生活之兴趣,也透露出其居室建筑有的已完全汉化,是研究魏晋南北朝时代从中亚移居中原的"昭武九姓"族群生活的形象史料。类似的石榻和围屏在1982年6月甘肃天水也曾发现过(图四)[5]。早年在中国境内出土而被盗卖至国外的北朝石棺床和石围屏等,如美国华盛顿弗利尔美术馆石棺床(有伎乐和联珠纹图案)(图五),德国科隆东方美术馆藏"石阙"雕刻(图六),法国吉美博物馆藏石屏风1件3格(图七)、美国波士顿美术

图二　太原隋虞弘墓石椁

---

[1]　参见《交河沟西墓地》,《新疆文物古迹大观》页160、161,新疆美术摄影出版社,1999年。
[2]　参见《新疆维吾尔自治区丝路考古珍品》页124、125,上海译文出版社,1998年。
[3]　山西省考古研究所等《太原隋代虞弘墓清理简报》,《文物》2001年1期,页27。
[4]　陕西省考古研究所《西安发现的北周安伽墓》,《文物》2001年1期,页4。
[5]　天水市博物馆《天水市发现隋唐屏风石棺床墓》,《考古》1992年1期,页46。

图三　西安北郊北周安伽墓石棺床

图四　天水石马坪石棺床

图五　美国华盛顿弗利尔美术馆藏石棺床

图六　德国科隆东方美术馆藏石棺床石阙

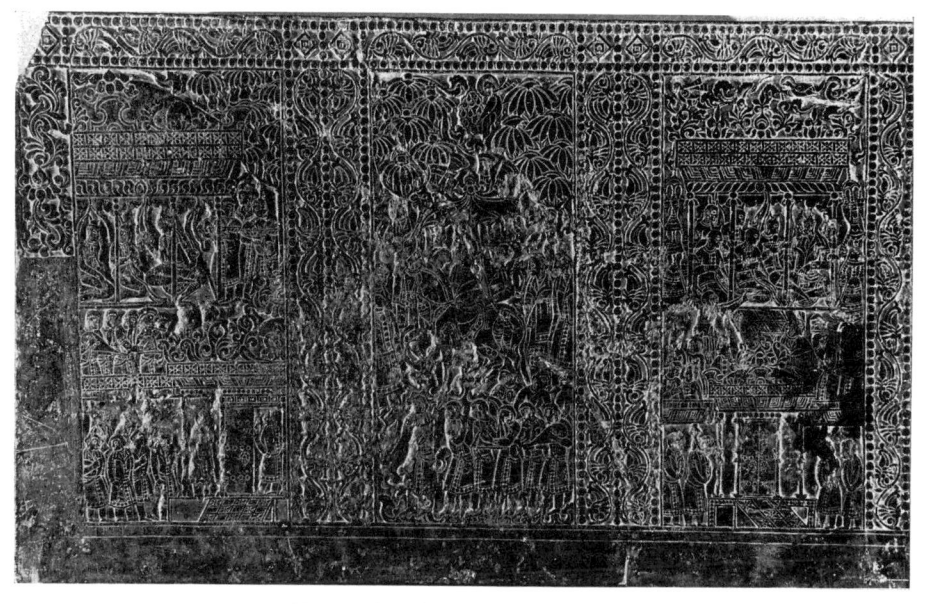

图七　法国吉美博物馆藏石棺床侧屏

馆藏2件6格(图八)[1],卢芹斋收购、现藏日本京都MIHO博物馆石屏风(图九)11件。这些雕刻画的内容有颇多相似之处。由于安伽和虞弘墓的发现,使我们对早已被掘的而又不明情况的若干北朝石刻,获得了重新认证的机会。

考古学的发现和研究证明,在研究中国古代对外关系史时,考古学的研究占有很重要的地位,而且具有不可替代的作用和价值。

---

[1]　姜伯勤《安阳北齐石棺床画像石的图像考察与入华粟特人的祆教美术》,《艺术史研究》第一辑,页151～146,中山大学出版社,1999年。

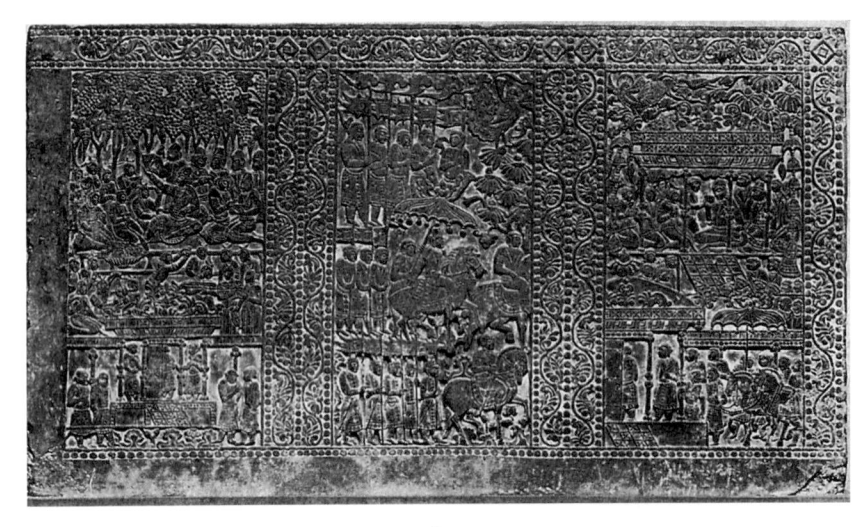

图八 美国波士顿博物馆藏石棺床后屏
1. 安阳北齐石棺床后屏左首画像石　2. 安阳北齐石棺床后屏右首画像石

图九 日本京都MIHO博物馆藏石棺床

在西部开发中中国古代对外关系史的考古学研究课题

（一）开展欧亚草原（欧亚内陆）"丝路"考古学研究

欧亚草原"丝路"东起黑龙江、松花江流域，横贯中国北方蒙古草原，西抵多瑙河、伏尔加河流域。它的东端还可延伸到朝鲜和日本，西端可连接东地中海地区，把古代亚洲的中国文化和欧洲的希腊、罗马，以及两河流域文化联系起来。这条路线起源很早，可以上溯到公元前2000年左右，在世界文化交流史上有极重要的地位。有些西方学者认为殷墟发现的马车，便是从西亚两河流域通过欧亚草原路线传入中国的，但是西亚两河流域的马车车轮没有轮辐，轮内只装着几块木板而已，远不如殷墟马车先进。后来又在前苏联境内亚美尼亚赛万湖南岸的喀申古墓中，发现了公元前1500年的马车，车轮已有二十几根轮辐，与殷墟的车子很相似，它的年代比殷墟要早300年。美国学者夏含夷认为马车在公元前1200年前后从西北传进中国[1]。毫无疑问，殷墟发现的马车已非原始形态，在此以前必然还有它的雏形，但近几十年来，我们在殷墟以前的新石器时代诸文化遗址中，没有发现马车的踪影，在中国找不到马车的雏形及其发展痕迹。然而，马车如何从西北传到殷墟，一点蛛丝马迹也没有。这仍然是一个谜。最近，在偃师商城内的一条道路上发现了车辙，这个车辙的地层年代为公元前1500年，正与喀申马车的年代相当。遗憾的是只有车辙，未见车和马，而且车辙只有1.2米宽，与殷墟宽2.2～2.4米的车辙相差甚远，说不清楚是什么车。这个发现并不能否定夏含夷的推测。这个问题还要继续探索。这是我举的第一个例子。

第二个例子是关于商周以来中国"北方式青铜器"（也被称为"鄂尔多斯青铜器"）文化的研究。北方青铜器包括武器、工具、马具和装饰品等，以各种动物形象装饰纹样为特征，是一种游牧民族的文化。以这种文化为媒介，促进了中国商周文化与外贝加尔湖、南西伯利亚、中亚、黑海北岸草原地区的文化交流。中国学者如林沄、田

---

[1] 夏含夷《中国马车的起源及其历史意义》，《温故知新录——商周文化史管见》页49～88，（台北）稻禾出版社，1997年。

广金、乌恩和杜正胜等都有研究论文发表[1]。目前,要深入探求的问题还很多。在广阔的草原上,游牧民族移动快,考古遗迹难保存,遗址和遗物的年代不易确定,民族关系十分复杂,给我们的研究工作带来了困难。但是,欧亚草原丝绸之路的考古工作,不论是从中国考古学或世界考古学上来说,都是极重要的关键课题。我希望在规划西部考古文物工作时,应给欧亚草原丝绸之路考古以一定的位置。

(二)开展中国境内丝绸之路考古学的研究

丝绸之路是指中国从汉代以来向西方输出中国丝绸的路线,也就是中国对外交通和文化交流的路线。丝绸之路分陆路和海路两条路线。我们今天主要是讲陆路的路线。丝绸之路的陆路路线有草原路线,即我们前面所说的"欧亚草原路线",其次,便是"沙漠路线",它主要是从汉唐两京通过河西走廊到西域(主要是新疆)而达中亚和西亚等地区。还有一条是西南丝绸之路,即通过云、贵、川和西藏向南亚的交通路线。因此,"丝绸之路"的草原、沙漠、西南路线考古,与我国西部开发有着极其密切的关系,应当引起我们的充分注意。

历史上汉唐时代丝绸之路沙漠路线出玉门关和阳关以后,进入新疆境内,第一条是南路,从米兰、若羌、且末、民丰、于阗、和阗至喀什。第二条是中路,从玉门关至吐鲁番;或从楼兰至焉耆(或尉犁)、库尔勒、轮台、库车、阿克苏到喀什,即天山南麓和塔克拉玛干沙漠北沿的路线。第三条是北路,出玉门关至哈密,向正西至吐鲁番走中路;也可以从哈密向西北去吉木萨尔(车师后庭、唐北庭都护府),至伊宁,再去碎叶城(吉尔吉斯伊赛克湖以南之托克玛克城)。我说的这些地名都是今天的地点和路线,与古代的地点和路线尚有一定的距离,塔克拉玛干沙漠不断扩大,丝绸之路新疆段南路向南移,中路向北移,都不是走今天的路线,那么,汉唐时代的旧路遗迹还有没有?这是我们考古学家要探寻的问题。中亚和西亚的考古学家很重视丝绸之路上的驿站遗迹,他们称之为"大车店",我们对中国境内丝绸之路沿线上驿站遗迹的考古做的较少。关于驿站我们中国有自己的传统和特点,从秦汉以来,中央政府便特别重视邮传驿站的设置。1900～1992年在甘肃敦煌甜水井附近发掘的公元前111年(汉元鼎六年)设置的悬泉置遗址,是中国最早的一处很典型的官方驿站,保存良好,

---

[1] 林沄《商文化青铜器与北方地区青铜器关系之再研究》,《考古学文化论集(一)》页129～155,文物出版社,1987年;田广金、郭素新《鄂尔多斯式青铜器》,文物出版社,1986年;乌恩《我国古代北方动物纹饰》,《考古学报》1981年1期;乌恩《中国北方青铜透雕带饰》,《考古学报》1983年1期;杜正胜《欧亚草原动物文饰与中国古代北方民族之考察》,《中研院史语所集刊》第六十四本第二分,1993年。

出土了30 000余枚简牍(有文字者27 000余枚),其中有关于驿站接待官吏的规定,如接待龟兹王和夫人要住八尺卧床、挂青帷帐;驿站上派车也有规定,有普通车和轺车两种,使用轺车要经御史大夫的批准;驿站室内的墙壁上写有"四时月令"(图一○)。此驿站始于汉武帝时期(公元前111～前92年),沿用至昭帝至东汉初(公元前86～29年),魏晋以后此驿站改为一般烽燧[1]。两千一百多年前的中国驿站遗迹的发现是很重要的,这是丝绸之路考古学上的重大发现。中国考古学家在西部开发中要充分注意此种类型的古代遗址。

青海都兰热水吐蕃(吐谷浑)墓地的发掘,在出土的大批丝织品中有很多波斯锦,其主要产地在今乌兹别克斯坦布哈拉附近,即"昭武九姓"的安国,故又称之为"粟特锦"。都兰吐蕃墓地的发现和波斯锦的出土,再次证明丝绸之路"青海道"的重要性。公元4世纪初,慕容鲜卑的一支从东北迁移至今甘肃、青海之间,都伏俟城,遗址在今青海湖西岸,都兰墓地则在伏俟城西南。公元7世纪中叶吐蕃逐吐谷浑于凉州,伏俟城附近为吐蕃所占领。但是,有很多吐谷浑人并未离开其故地,仍在湟水和大通河流域聚屯自保,因此,都兰墓地在年代上虽已进入吐蕃占领时期,然而被埋葬的人有些仍有可能是吐谷浑人。丝绸之路"青海道"是以伏俟城和都兰为枢纽的,有四条路线通过这里。第一条是从金城(兰州)经鄯州(乐都)、鄯城(西宁),过赤岭(日月山),沿青海湖南岸或北岸至伏俟城,西去小柴旦、大柴旦,北转当金口至敦煌。第二条是从伏俟城到都兰,经诺木洪至格尔木,西北过茫崖镇至若羌。以上两条都是往西域去的。第三条是从青海湖东南入四川(阿坝地区),南至益州(成都),再转东沿长江而下至建康(南京)的路线,这是公元4至6世纪南朝通西域的主道,因中间要经过吐谷浑河南王的辖区,故又称"河南道",当时许多高僧和商人从西域到中国南方便多经此路[2]。最近,在成都发现的有犍陀罗风格的佛教造像[3],很可能便是从"河南道"传入的佛教造像遗物。在西部开发中要特别注意这条路线上的考古工作,将会有重要的发现。第四条是从青海入西藏至尼泊尔、印度的路线,即唐道宣《释迦方志·遗迹篇》所记

---

[1] 甘肃省文物考古研究所《甘肃敦煌汉代悬泉置遗址发掘简报》《敦煌悬泉汉简内容概述》《敦煌悬泉汉简释文选》,《文物》2000年5期,页4～45。

[2] 参见唐长孺《南北朝期间西域与南朝的陆路交通》,《魏晋南北朝史论拾遗》页168～195,中华书局,1983年;严耕望《岷山雪岭地区所茂等州交通网》,《唐代交通图考》第四卷,页925～997,中研院史语所专刊之八十三,1986年。关于"河南道"的考古材料可参阅中国社会科学院考古研究所四川工作队《丝绸之路河南道沿线的重要城址》,《考古学集刊》第13集,页238～268,中国大百科全书出版社,2000年。

[3] 成都市文物考古研究所等《成都市西安路南朝石刻造像清理简报》,《文物》1998年11期,页4～20。

通印度三道中的东道,从鄯州(乐都)、鄯城(西宁)、承风戍(湟中拉脊山口)、青海湖、湖西南的吐谷浑衙帐(都兰),穿河源西侧,经七渡口,过玉树州西三县境,越唐古拉山(很可能是走西藏聂荣县的查吾拉山口),抵西藏那曲地区东部的巴青县或聂荣县(敢国),再经林周(旁多)至拉萨,然后向西南经过年楚河畔(小羊同国),至吉隆或聂木拉到达尼泊尔。关于这条路线,1990年藏学研究中心的多杰才旦已做了研究,他认为吉隆是个很重要的地点,很可能便是从吉隆出境至尼泊尔的。唐初,李义表使印度走的是这条路线,王玄策三使印度的后两次也是走的这条路线;泥婆罗国"遣使入献波稜酢菜、浑提葱",以及印度制糖法的传入也是通过这条路线。唐代西行求经僧徒,如玄照、道希、玄太、玄恪、道方、道生、师子慧、慧轮等人也皆取道河源、吐蕃、泥婆罗道。历史上已经证明了这条道路的存在。就在多杰才旦发表他的《关于丝路吐蕃道的交通路线问题》[1]一文的同时,1996年6月在西藏吉隆(旧名宗喀)县城北约4.5公里处的阿瓦呷英山嘴崖壁上发现了《大唐天竺使出铭》摩崖碑刻。刻铭由正使王玄策授义,记录人刘嘉宾撰文,贺守一书;同行者有王玄策之子王令敏和玄策的侄子,还有由刘仁楷选用的关内良家子若干人;于显庆四年(公元659年)五月间来到小杨童之西,遇水受阻,乃刻铭以记其事。此刻铭发现以来,有不少学者做了研究[2],以1998年7月黄盛璋发表的论文[3]最为全面。《大唐天竺使出铭》是研究唐代吐蕃入泥婆罗交通路线最重要的物证,它为解决长期以来唐初吐蕃泥婆罗道是出吉隆抑或是出聂拉木的争论,提供了新的史料。王玄策的吉隆刻石说明他出使天竺时确曾经过吉隆;符合道宣《释迦方志·遗迹篇》中所记通印度三道中的东道,其中的"小羊同"即《使出铭》中的"小杨童",其地当在今年楚河畔以西、宗喀山口东北不远之处,《使出铭》即在其西。这条路线的北段有青海湖西南的伏俟城遗址和都兰热水吐蕃墓地的发现,说明丝绸之路青海道与吐蕃、泥婆罗道是沟通中亚西域和南亚的国际交通路线,而其连接点便在青海的都兰,这是近年中国对外关系史考古学研究关于西南"丝路"上最有价值的发现。

另外,还有一条从新疆喀什、和田越昆仑山至西藏日土、噶尔,沿冈底斯山和喜马

---

[1] 见《传统文化与现代化》1995年4期,又见《十世纪前的丝绸之路和东西文化交流》页33～48。

[2] 霍巍《〈大唐天竺使出铭〉及其相关问题的研究》,《东方学报(京都)》第64期,页253～270,1994年。

[3] 黄盛璋《西藏吉隆县新发现王玄策〈大唐天竺使出铭〉主要问题考辨》,《故宫学术季刊》第十五卷第四期,页77～108。另有霍巍《从考古材料看吐蕃与中亚、西亚的古代交通》,《中国藏学》1995年4期,页48～63,亦可参考。

拉雅山之间的山谷至萨嘎,再从吉隆或聂木拉至尼泊尔和印度,这是从西域通往南亚最便捷的路线。20世纪初外国探险家曾经走过。在西部开发中,应对这条路线重新调查。

西南丝绸之路的肇始年代并不始于唐代,早在公元前6世纪中国西南地区便有与南亚或西亚交往的考古证据。云南晋宁石寨山西汉墓和云南江川李家山22号墓均曾出土过花纹简单的蚀花肉红石髓珠,它是在鸡血石上用化学的方法腐蚀出各种花纹,公元前2000年前即在西亚和南亚出现[1]。江川李家山22号墓的年代约在公元前6世纪,说明西亚、南亚与中国西南地区交通,并不比张骞通西域晚,张骞在大夏时已见邛竹杖和蜀布(《史记·大宛列传》)。比张骞稍晚一些的还有晋宁石寨山西汉墓出土的中亚或西亚的列瓣铜盒[2]。因此,在西部开发中也要充分注意我国西南地区(云、贵、川)古代中外关系的考古学研究。

(三)继续开展利用体质人类学研究的成果

在西部开发中研究中外古代关系史,既要重视古代遗迹遗物的研究,又要重视对人的研究,即对出土的人骨要做体质人类学的研究。关于这方面的研究,在新疆已取得了初步成果。从春秋战国到汉魏时代,新疆人种之分布大体上有四种:一是原始欧洲人类型,主要在北疆和东疆,如孔雀河古墓沟、阿拉沟墓地、米兰墓地和哈密焉不拉克墓地,他们与南西伯利亚、哈萨克斯坦、中亚,甚至与伏尔加河下游草原地区的铜器时代居民的头骨形态接近。二是帕米尔—费尔干类型,也是在北疆,如昭苏土墩墓、阿拉沟墓地和米兰墓地,与中亚地区(包括哈萨克斯坦)同时代的塞克人和乌孙人的人类学类型相近。三是地中海东支类型,主要在南疆塔什库尔干塔吉克香宝宝墓地、洛甫山普拉墓地、米兰和楼兰墓地,以及天山阿拉沟墓地,他们与帕米尔高原公元前6世纪的塞克人骨同一类型。四是东方的蒙古人种,有哈密焉不拉克墓地、阿拉沟墓地、昭苏土墩墓、罗布泊突厥墓、米兰墓地和楼兰墓地,主要分布在东疆。从上述人种之分布,可以推测"至少在公元前的几个世纪以前,西方人种从不同方向向新疆地区的推进,比东方蒙古人种由东向西的活动更为活跃,其数量和规模也更大一些,其中的一些在公元前10世纪左右已出现在新疆东部的哈密地区。而蒙古人种成分规模更大的向西发展,可能较晚,大概不早于汉代。这和中国古文献记述匈奴、突厥

---

[1] 作铭(夏鼐)《我国出土的蚀花的肉红石髓珠》,《考古》1974年6期,又见《夏鼐文集》中册,页458;张增祺《战国至西汉时期滇池区域发现的西亚文物》,《思想战线》1982年2期,页83、84。
[2] 云南省博物馆《云南晋宁石寨山古墓群发掘报告》,文物出版社,1959年。

向西推进的浪潮大致吻合"[1]。体质人类学的研究解决不了族属问题,但它可提供这些古代居民的人种信息。这方面的研究在今后还要继续加强,广泛收集古代人骨材料,做更深入和全面的比较研究。

"十五"规划西部开发中关于中外关系史考古学研究课题的建议

在制定"十五"规划西部开发中的文物考古工作规划时,要考虑逐步开展中国古代对外关系和文化交流的考古学研究课题。譬如,关于中原北方新石器时代诸文化与中亚、西亚和北方西伯利亚诸文化之关系,这个研究领域一直是我国考古学研究中的薄弱环节,是一个未开垦的处女地,要有计划地开展一些考古田野调查和发掘工作。同时,要创造条件,派遣我国的考古队去中亚和北亚做田野考古。也可以选择把在我国境内发现的外国遗物,请有关国家的专家做共同研究,同时培养我们自己关于这方面的专家。为了全面从考古学上研究古代中外关系和文化交流史,要成立一个专门的课题组,收集境外发现的中国古代遗物,如丝绸、瓷器、钱币等。特别是瓷器,在中亚、西亚、北非、南亚、东南亚和东北亚(朝鲜、日本)普遍发现,数量很大,以前日本学者曾做过一些工作,但他们不熟悉这些中国外销瓷器的窑口,应创造条件使我国的古代瓷器专家能够参与共同研究。这些工作都对研究我国古代对外关系和文化交流史有重要的意义。

21世纪中国考古学的一个显著特点便是它的世界性越来越强,所谓"世界性"强,也就是指中国考古学在世界考古学上的地位愈益重要。这要从两个方面来说,第一是中国考古学在20世纪的许多重大发现震惊了国际考古学界;第二是中国考古学的研究成果在近年有了很大发展,中国考古学的体系架构已经形成,而且涉及某些高深层次研究的问题,譬如关于中国文明的形成及其在世界文明史上的地位问题[2],在世界文明史的研究中,对中国文明的研究越来越重要[3],特别是中国文明与世界诸文明之间的关系史的研究更为人们所注意。中国北部和西部的考古,

---

[1] 韩康信《新疆古代居民的种族人类学研究》,《十世纪前的丝绸之路和东西文化交流》页335～349;也可参阅其所著《丝绸之路古代居民种族人类学研究》一书,新疆人民出版社,1993年。

[2] 参阅徐苹芳、张光直《中国文明的形成及其在世界文明史上的地位》,《燕京学报》新六期,页1～18,1999年。

[3] 参阅宿白、徐苹芳《中国文明展概说》,《世界四大文明·中国文明展》页30、31,日本NHK出版,2000年。

与中亚、西亚、北亚和东北亚的考古有密不可分的关系,中国正处于关键的核心地带,许多学术上的重大问题,都要与中国北部和西部考古学的发现和研究有密切关系,它已成为世界考古学上的焦点之一。但是,我们在这方面的研究还有很多空白,与邻近地区的考古学研究有差距,我们要保持清醒头脑,抓住西部开发的机遇,努力工作,迎头赶上。

中国是世界大国,中国又是世界文明古国,中国考古学在21世纪将成为世界考古学发展的重要部分。在这样的国际环境和学术环境之下,中国考古学特别是中国古代对外关系史的考古学,只有主动走向世界,才能在世界考古学占据应有的地位,名副其实地成为具有世界考古学先进水平的国家。

本文根据2000年9月14日在"乌鲁木齐西部大开发文物工作会"上的讲话稿,重加整理注释。2001年4月17日记。

原载《中国文物报》2001年8月12日第7版、8月19日第7版。

插 图 出 处

中国境内的丝绸之路

图一出自作铭(夏鼐)《我国出土的蚀花的肉红石髓珠》,《考古》1974年6期,图版拾贰。

图二出自云南省博物馆《云南江川李家山古墓群发掘报告》,《考古学报》1975年2期,图版贰叁,2。

图三采自国家文物局主编《中国文物地图集·西藏自治区分册》页196,文物出版社,2010年。

考古学上所见中国境内的丝绸之路

图一采自徐苹芳《中国历史考古学论丛》,(台北)允晨文化实业股份有限公司,1995年。

图二出自宿白《中国境内发现的中亚与西亚遗物》,《中国大百科全书·考古学卷》页677,图九,中国大百科全书出版社,1986年。

图三出自夏鼐《中国最近发现的波斯萨珊朝银币》,《考古学报》1957年2期,图版贰,图B,03。

图四出自James C.Y.Watt, An Jiayao, Angela F. Howard...[et al.], *China: Dawn of a Golden Age, 200-750 A.D.*, New York: Metropolitan Museum of Art; New Haven: Yale University Press, 2004, P.324, No.219。

图五,1出自中国社会科学院考古研究所编著《唐长安城郊隋唐墓》彩版一(Ⅰ),文物出版社,1980年;2出自中国社会科学院考古研究所编著《考古精华:中国社会科学院考古研究所建所四十年纪念》页296,图二四四,2,科学出版社,1993年;

·插图出处·

3出自中国社会科学院考古研究所编著《考古精华：中国社会科学院考古研究所建所四十年纪念》页296，图二四四，3；4出自中国社会科学院考古研究所编著《唐长安城郊隋唐墓》图版一二，6；5出自中国社会科学院考古研究所编著《唐长安城郊隋唐墓》图版一一，1。

图六出自张全民、王自力《西安东郊清理的两座唐墓》，《考古与文物》1992年5期，页56，图五，左。

图七出自张海云、廖彩梁、张铭惠《西安市西郊曹家堡唐墓清理简报》，《考古与文物》1986年2期，页25，图四，8。

图八出自夏鼐《西安土门村唐墓出土的拜占廷式金币》，《考古》1961年8期，图版捌，5～8。

图九出自陕西省文物管理委员会《西安市西窑头村唐墓清理记》，《考古》1965年8期，图版壹，1～6。

图一〇出自夏鼐《中国最近发现的波斯萨珊朝银币》，《考古学报》1957年2期，图版贰，图A，3、4。

图一一出自朱捷元、秦波《陕西长安和耀县发现的波斯萨珊朝银币》，《考古》1974年2期，页131，图九，1～7。

图一二，1出自陕西历史博物馆、北京大学考古文博学院、北京大学震旦古代文明研究中心编著《花舞大唐春：何家村遗宝精粹》页103，第14号，文物出版社，2003年；2出自陕西历史博物馆、北京大学考古文博学院、北京大学震旦古代文明研究中心编著《花舞大唐春：何家村遗宝精粹》页104，第15号。

图一三出自陕西历史博物馆、北京大学考古文博学院、北京大学震旦古代文明研究中心编著《花舞大唐春：何家村遗宝精粹》页101，第12号。

图一四出自西安博物院编著《金辉玉德：西安博物院藏金银器玉器精萃》页172，文物出版社，2013年。

图一五出自西安博物院编著《金辉玉德：西安博物院藏金银器玉器精萃》页171。

图一六出自王长启、高曼《西安新发现的东罗马金币》，《文博》1991年1期，页38，图一，3。

图一七出自NHK大阪放送局《正倉院の故郷——中国の金・銀・ガラス一展》页51，第29号，1992年。

图一八出自陕西省文物管理委员会《西安发现晚唐祆教徒的汉、婆罗钵文合璧墓志——唐苏谅妻马氏墓志》，《考古》1964年9期，图版玖，1。

图一九出自中国国家博物馆编《中华文明：古代中国陈列文物精萃》页613，中国社会科学出版社，2010年。

图二〇出自朱捷元、秦波《陕西长安和耀县发现的波斯萨珊朝银币》，《考古》1974年2期，页131，图九，8～10。

图二一，1出自中国美术全集编辑委员会编《中国美术全集·工艺美术编10·金银玻璃珐琅器》页120，图二二九，文物出版社，1987年；2出自中国文物交流中心编《华夏瑰宝展》页116，文物出版社，2012年。

图二二出自中国国家博物馆编《中华文明：古代中国陈列文物精萃》页617。

图二三出自员安志《陕西长安县南里王村与咸阳飞机场出土大量隋唐珍贵文物》，《考古与文物》1993年6期，页51，图五，1、2。

图二四出自罗西章《扶风姜塬发现汉代外国铭文铅饼》，《考古》1976年4期，页275，图一。

图二五出自法门寺考古队《法门寺地宫珍宝》页82，图版51，陕西人民美术出版社，1989年。

图二六，1出自法门寺考古队《法门寺地宫珍宝》页81，图版50；2出自陕西省考古研究院、法门寺博物馆、宝鸡市文物局、扶风县博物馆编著《法门寺考古发掘报告》彩版一八四，2，文物出版社，2007年。

图二七出自陕西省考古研究院、法门寺博物馆、宝鸡市文物局、扶风县博物馆编著《法门寺考古发掘报告》彩版一九〇。

图二八，1出自法门寺博物馆《法门寺》页85，下图，陕西旅游出版社，1994年；2出自陕西省考古研究院、法门寺博物馆、宝鸡市文物局、扶风县博物馆编著《法门寺考古发掘报告》彩版一八八，2；3出自陕西省考古研究院、法门寺博物馆、宝鸡市文物局、扶风县博物馆编著《法门寺考古发掘报告》彩版一八九，2；4出自陕西省考古研究院、法门寺博物馆、宝鸡市文物局、扶风县博物馆编著《法门寺考古发掘报告》彩版一九一，2。

图二九出自刘大有《天水藏东罗马福卡斯金币》，天水市政协文史资料委员会编《文化天水》页117，甘肃文化出版社，2006年。

图三〇出自刘大有《天水发现的波斯萨珊朝银币》，《内蒙古金融研究》钱币文集（第二辑）页7-17，2003年。

图三一出自张掖市甘州区教育局编《丝路胜迹张掖大佛寺》页81，甘肃文化出版社，2010年。

图三二出自灵台县博物馆《甘肃灵台发现外国铭文铅饼》，《考古》1977年6期，

·插图出处·

图版拾贰,3、4。

图三三出自宁夏固原博物馆编著《固原历史文物》页226,第135号,科学出版社,2004年。

图三四出自宁夏固原博物馆编著《固原历史文物》页123。

图三五,1出自宁夏固原博物馆编著《固原历史文物》页127,第78号;2出自宁夏固原博物馆编著《固原历史文物》页129,第80号。

图三六,1出自宁夏固原博物馆编著《固原历史文物》页227,第136号;2出自宁夏固原博物馆编著《固原历史文物》页212,第123号。

图三七出自宁夏固原博物馆编著《固原历史文物》页237,第146号。

图三八出自初师宾《甘肃靖远新出东罗马鎏金银盘略考》,《文物》1990年5期,彩色插页。

图三九出自青海省博物馆、青海民族博物馆编著《河湟藏珍·历史文物卷》页195,第182号,文物出版社,2012年。

图四〇出自新疆维吾尔自治区博物馆《吐鲁番县阿斯塔那—哈拉和卓古墓群清理简报》,《文物》1972年1期,页25,图四三。

图四一出自香港文化博物馆编制《丝路珍宝——新疆文物大展》页247,康乐及文化事务署,2005年。

图四二出自黄文弼《新疆考古发掘报告(1957—1958)》图版八,图1～3,文物出版社,1983年。

图四三出自王炳华《贵霜王朝与古代新疆》,《丝绸之路考古研究》页319,图145,新疆人民出版社,2010年。

图四四,1出自王炳华《丝绸之路考古研究》彩图14,新疆人民出版社,1993年;2出自李青《古楼兰鄯善艺术综论》页350,图D5,中华书局,2005年。

图四五出自斯坦因著、巫新华等译《亚洲腹地考古图记》第4卷,图版X,广西师范大学出版社,2004年。

图四六出自新疆楼兰考古队《楼兰古城址调查与试掘简报》,《文物》1988年7期,页17,图七二。

图四七出自李吟屏《新疆和阗市发现的喀喇汗朝窖藏铜器》,《考古与文物》1991年5期,页48,图二。

图四八出自李吟屏《新疆和阗市发现的喀喇汗朝窖藏铜器》,《考古与文物》1991年5期,页51,图五,左、中,图六,1、2。

图四九出自李吟屏《新疆和阗市发现的喀喇汗朝窖藏铜器》,《考古与文物》1991

年5期，页52，图七。

图五〇出自李吟屏《新疆和阗市发现的喀喇汗朝窖藏铜器》，《考古与文物》1991年5期，页51，图五，右，图六，3。

图五一出自蒋其祥《新疆阿图什县喀喇汗王朝钱币窖藏清理简报》，《文物》1985年12期，页27，图二，页29，图三。

图五二出自香港文化博物馆编制《丝路珍宝——新疆文物大展》页231。

图五三出自夏鼐《新疆吐鲁番最近出土的波斯萨珊朝银币》，《考古》1966年4期，页212，图一，页213，图二。

图五四出自夏鼐《中国最近发现的波斯萨珊朝银币》，《考古学报》1957年2期，图版壹。

图五五出自夏鼐《中国最近发现的波斯萨珊朝银币》，《考古学报》1957年2期，图版贰，图B，01、02。

图五六出自夏鼐《综述中国出土的波斯萨珊朝银币》，《考古学报》1974年1期，图版壹，8。

图五七出自黄文弼《吐鲁番考古记》图版伍贰，图56，线装书局，2009年。

图五八出自夏鼐《新疆吐鲁番最近出土的波斯萨珊朝银币》，《考古》1966年4期，页214，图三。

图五九出自夏鼐《综述中国出土的波斯萨珊朝银币》，《考古学报》1974年1期，图版贰，图A，4。

图六〇出自新疆维吾尔自治区博物馆《吐鲁番阿斯塔那363号墓发掘简报》，《文物》1972年2期，页10，图四。

图六一出自夏鼐《综述中国出土的波斯萨珊朝银币》，《考古学报》1974年1期，页104，图四。

图六二出自夏鼐《中国最近发现的波斯萨珊朝银币》，《考古学报》1957年2期，图版贰，图B，1、2。

图六三出自新疆文物事业管理局、新疆博物馆、新疆文物考古研究所、上海博物馆编，马承源、岳峰主编《新疆维吾尔自治区丝路考古珍品》页133，第47号，上海译文出版社，1998年。

图六四出自山西博物院、新疆维吾尔自治区博物馆、吐鲁番博物馆编著《天山往事：古代新疆丝路文物精华》页131，山西人民出版社，2012年。

图六五出自 James C.Y.Watt, An Jiayao, Angela F.Howard...[et al.], *China: Dawn of a Golden Age, 200-750 A.D.*, New York: Metropolitan Museum of Art; New Haven:

·插图出处·

Yale University Press, 2004, P.186, No.92。

图六六,1出自James C.Y.Watt, An Jiayao, Angela F.Howard...[et al.], *China: Dawn of a Golden Age, 200-750 A.D.*, New York: Metropolitan Museum of Art; New Haven: Yale University Press, 2004, P.187, No.93; 2出自James C.Y.Watt, An Jiayao, Angela F.Howard...[et al.], *China: Dawn of a Golden Age, 200-750 A.D.*, New York: Metropolitan Museum of Art; New Haven: Yale University Press, 2004, P.185, No.91。

图六七出自黄文弼《塔里木盆地考古记》图版壹零伍,图33,线装书局,2009年。

图六八出自薛宗正《佛国古韵——龟兹》页19,云南人民出版社,2002年。

图六九出自NHK大阪放送局《正倉院の故郷——中国の金・銀・ガラス一展》页82,第65号。

图七〇出自James C.Y.Watt, An Jiayao, Angela F.Howard...[et al.], *China: Dawn of a Golden Age, 200-750 A.D.*, New York: Metropolitan Museum of Art; New Haven: Yale University Press, 2004, P.326, No.224。

图七一出自James C.Y.Watt, An Jiayao, Angela F.Howard...[et al.], *China: Dawn of a Golden Age, 200-750 A.D.*, New York: Metropolitan Museum of Art; New Haven: Yale University Press, 2004, P.326, No.225a、225b。

图七二出自NHK大阪放送局《正倉院の故郷—中国の金・銀・ガラス一展》页88,第72号。

图七三出自夏鼐《中国最近发现的波斯萨珊朝银币》,《考古学报》1957年2期,图版贰,图A,1、2。

图七四出自James C.Y.Watt, An Jiayao, Angela F.Howard...[et al.], *China: Dawn of a Golden Age, 200-750 A.D.*, New York: Metropolitan Museum of Art; New Haven: Yale University Press, 2004, P.60, Fig.49。

图七五出自中国国家博物馆编《中华文明:古代中国陈列文物精萃》页483。

图七六出自林英《磁县东魏茹茹公主墓出土的拜占庭金币和南北朝史料中的"金钱"》,《中国钱币》2009年4期,页58,图1、2。

图七七,1出自石家庄地区文化局文物发掘组《河北赞皇东魏李希宗墓》,《考古》1977年6期,图版伍,图4; 2出自石家庄地区文化局文物发掘组《河北赞皇东魏李希宗墓》,《考古》1977年6期,图版陆,图5。

图七八出自James C.Y.Watt, An Jiayao, Angela F.Howard...[et al.], *China: Dawn of a Golden Age, 200-750 A.D.*, New York: Metropolitan Museum of Art; New Haven: Yale University Press, 2004, P.254, No.153a、b、c。

图七九出自山西省文物管理委员会《太原南郊金胜村唐墓》,《考古》1959年9期,页475,图三。

图八〇出自王克林《北齐库狄回洛墓》,《考古学报》1979年3期,图版拾壹,图1。

图八一出自内蒙古自治区博物馆、香港大学美术博物馆联合主办《道出物外：中国北方草原丝绸之路》页51,香港大学美术博物馆,2007年。

图八二,1出自内蒙古文物工作队、内蒙古博物馆《呼和浩特市附近出土的外国金银币》,《考古》1975年3期,图版捌,5；2出自内蒙古自治区博物馆、香港大学美术博物馆联合主办《道出物外：中国北方草原丝绸之路》页79。

图八三出自内蒙古自治区博物馆、香港大学美术博物馆联合主办《道出物外：中国北方草原丝绸之路》页65。

图八四出自陈永志、吉平、张文平主编,内蒙古自治区文物考古研究所编《呼和浩特文化遗产》页133,文物出版社,2014年。

图八五出自 James C.Y.Watt, An Jiayao, Angela F.Howard...[et al.], *China: Dawn of a Golden Age, 200-750 A.D.*, New York: Metropolitan Museum of Art; New Haven: Yale University Press, 2004, P.153, No.62。

图八六,1出自NHK大阪放送局《正倉院の故郷——中国の金・銀・ガラス一展》页85,第69号；2出自 James C.Y.Watt, An Jiayao, Angela F.Howard...[et al.], *China: Dawn of a Golden Age, 200-750 A.D.*, New York: Metropolitan Museum of Art; New Haven: Yale University Press, 2004, P.155, No.64。

图八七,1出自 James C.Y.Watt, An Jiayao, Angela F.Howard...[et al.], *China: Dawn of a Golden Age, 200-750 A.D.*, New York: Metropolitan Museum of Art; New Haven: Yale University Press, 2004, P.150, No.60；2出自 James C.Y.Watt, An Jiayao, Angela F.Howard...[et al.], *China: Dawn of a Golden Age, 200-750 A.D.*, New York: Metropolitan Museum of Art; New Haven: Yale University Press, 2004, P.148, No.58；3出自 James C.Y.Watt, An Jiayao, Angela F.Howard...[et al.], *China: Dawn of a Golden Age, 200-750 A.D.*, New York: Metropolitan Museum of Art; New Haven: Yale University Press, 2004, P.149, No.59；4出自 James C.Y.Watt, An Jiayao, Angela F.Howard...[et al.], *China: Dawn of a Golden Age, 200-750 A.D.*, New York: Metropolitan Museum of Art; New Haven: Yale University Press, 2004, P.151, No.61；5出自出土文物展览工作组《"文化大革命"期间出土文物》第一辑,页152,文物出版社,1972年。

图八八出自王银田《北朝时期丝绸之路输入的西方器物》,张庆捷、李书吉、李钢

·插图出处·

主编《4—6世纪的北中国与欧亚大陆》页79,图九,科学出版社,2006年。

图八九出自James C.Y.Watt, An Jiayao, Angela F.Howard...［et al.］, *China: Dawn of a Golden Age, 200-750 A.D.*, New York: Metropolitan Museum of Art; New Haven: Yale University Press, 2004, P.60, Fig.50。

图九〇出自关善明《中国古代玻璃》页79,图八十四,6,香港中文大学,2011年。

图九一出自NHK大阪放送局《正倉院の故郷——中国の金·銀·ガラス—展》页50,第28号。

图九二出自辽宁省文物考古研究所、朝阳市北塔博物馆《朝阳北塔——考古发掘与维修工程报告》图版五九,2,文物出版社,2007年。

图九三,1出自朝阳地区博物馆《辽宁朝阳姑营子辽耿氏墓发掘报告》,《考古学集刊》3,图版叁叁,1,1983年;2出自朝阳地区博物馆《辽宁朝阳姑营子辽耿氏墓发掘报告》,《考古学集刊》3,图版叁叁,3,1983年。

图九四,1出自《1500年前のシルクロード　新沢千塚の遺宝とその源流》页39,参考-7,奈良县立橿原考古学研究所附属博物馆,1992年;2出自《1500年前のシルクロード　新沢千塚の遺宝とその源流》页38,参考-5;3出自《1500年前のシルクロード　新沢千塚の遺宝とその源流》页39,参考-6;4出自《1500年前のシルクロード　新沢千塚の遺宝とその源流》页38,第40号。

图九五,1出自内蒙古自治区博物馆、香港大学美术博物馆联合主办《道出物外:中国北方草原丝绸之路》页61;2出自邵国田主编《敖汉文物精华》页96,内蒙古文化出版社,2004年;3出自内蒙古自治区博物馆、香港大学美术博物馆联合主办《道出物外:中国北方草原丝绸之路》页63;4出自邵国田主编《敖汉文物精华》页97。

图九六,1出自内蒙古自治区文物考古研究所、哲里木盟博物馆《辽陈国公主墓》彩版一四,2,文物出版社,1993年;2出自干福熹主编《丝绸之路上的古代玻璃研究——2004年乌鲁木齐中国北方古玻璃研讨会和2005年上海国际玻璃考古研讨会论文集》图版第26号图,2007年;3出自刘广堂、塔拉主编《契丹风华——内蒙古辽代文物珍品》页149,文物出版社,2012年;4出自上海博物馆编《草原瑰宝——内蒙古文物考古精品》页227,上海书画出版社,2000年;5出自上海博物馆编《草原瑰宝——内蒙古文物考古精品》页226。

图九七出自夏鼐《综述中国出土的波斯萨珊朝银币》,《考古学报》1974年1期,图版壹,4~6。

图九八,1出自出光美术馆《地下宮殿の遺宝 中国河北省定州北宋塔基出土文物

展》第48号，平凡社，1997年；2出自出光美术馆《地下宫殿の遗宝 中国河北省定州北宋塔基出土文物展》第49号；3出自出光美术馆《地下宫殿の遗宝 中国河北省定州北宋塔基出土文物展》第50号；4出自出光美术馆《地下宫殿の遗宝 中国河北省定州北宋塔基出土文物展》第47号；5出自出光美术馆《地下宫殿の遗宝 中国河北省定州北宋塔基出土文物展》第51号；6出自出光美术馆《地下宫殿の遗宝 中国河北省定州北宋塔基出土文物展》第53号。

图九九出自辽宁省文物考古研究所、朝阳市博物馆《朝阳双塔区唐墓》，《文物》1997年11期，页54，图六、图七。

图一〇〇出自辽宁省文物考古研究所、朝阳市博物馆《辽宁朝阳市黄河路唐墓的清理》，《考古》2001年8期，图版捌，4、6。

图一〇一出自广州市文物管理处《广州秦汉造船工场遗址试掘》，《文物》1977年4期，图版贰，1。

图一〇二出自西汉南越王博物馆编《西汉南越王博物馆珍品图录》页64，文物出版社，2007年。

图一〇三出自西汉南越王博物馆编《西汉南越王博物馆珍品图录》页62。

图一〇四，1出自广州市文化局编《广州秦汉考古三大发现》页367，图版三，120，上，广州出版社，1999年；2出自广州市文化局编《广州秦汉考古三大发现》页367，图版三，120，中。

图一〇五出自"海上丝绸之路"研究中心编《跨越海洋》页250，宁波出版社，2012年。

图一〇六出自中共广州市委宣传部、广州市文化局编《海上丝绸之路：广州文化遗产·考古发现卷》页131，图一三〇，文物出版社，2008年。

图一〇七出自广州市文物管理委员会、广州市博物馆《广州汉墓》图版四，1，图版九〇，3，文物出版社，1981年。

图一〇八出自广东省文物管理委员会、华南师范学院历史系《广东英德、连阳南齐和隋唐古墓的发掘》，《考古》1961年3期，图版玖，3、4。

图一〇九出自广东省博物馆《广东曲江南华寺古墓发掘简报》，《考古》1983年7期，图版肆，1、2。

图一一〇，1出自遂溪县博物馆《广东遂溪县发现南朝窖藏金银器》，《考古》1986年3期，页243，图2；2出自邓炳权主编、广东省博物馆编《广东省博物馆藏品选》页195，图28，左2，文物出版社，1999年。

图一一一出自杨伯达主编《中国金银玻璃珐琅器全集·第1卷》页183，第

二一九号,河北美术出版社,2004年。

图一一二出自泉州湾宋代海船发掘报告编写组《泉州湾宋代海船发掘简报》,《文物》1975年10期,图版陆。

图一一三出自中国国家博物馆编《中华文明:古代中国陈列文物精萃》页616。

图一一四出自浙江省博物馆编《东土佛光》页181,浙江古籍出版社,2008年。

图一一五出自James C.Y.Watt, An Jiayao, Angela F.Howard...[et al.], *China: Dawn of a Golden Age, 200-750 A.D.*, New York: Metropolitan Museum of Art; New Haven: Yale University Press, 2004, P.61, Fig.51。

图一一六出自孝感地区博物馆等《安陆王子山唐吴王妃杨氏墓》,《文物》1985年2期,图版陆,1、2。

图一一七出自出土文物展览工作组编《"文化大革命"出土文物》第一辑,页100,文物出版社,1972年。

图一一八,1出自NHK大阪放送局《正倉院の故郷——中国の金・銀・ガラス一展》页83,第66号;2出自南京市博物馆《六朝风采》页189,文物出版社,2004年。

图一一九出自洪银兴、蒋赞初主编《南京大学文物珍品图录》页48,第78号,科学出版社,2002年。

图一二○出自NHK大阪放送局《正倉院の故郷——中国の金・銀・ガラス一展》页83,第67号。

图一二一出自James C.Y.Watt, An Jiayao, Angela F.Howard...[et al.], *China: Dawn of a Golden Age, 200-750 A.D.*, New York: Metropolitan Museum of Art; New Haven: Yale University Press, 2004, P.211, No.117。

图一二二,1出自James C.Y.Watt, An Jiayao, Angela F.Howard...[et al.], *China: Dawn of a Golden Age, 200-750 A.D.*, New York: Metropolitan Museum of Art; New Haven: Yale University Press, 2004, P.58, Fig.47;2出自南京博物院《江苏邗江甘泉二号汉墓》,《文物》1981年11期,图版叁,8。

图一二三出自"海上丝绸之路"研究中心编《跨越海洋》页87。

图一二四出自河南省文物考古研究所编著《固始侯古堆一号墓》图版三八,大象出版社,2004年。

图一二五出自中国美术全集编辑委员会编《中国美术全集·工艺美术编10·金银玻璃珐琅器》页106,第二〇一号。

图一二六出自南京博物院编《金色中国——中国古代金器大展》页177,译林出版社,2013年。

图一二七出自 Yang Xiaoneng, *New Perspectives on China's Past: Chineses Archaeology in the Twentieth Century* V.1, New Haven and London: Yale University; Kansas City: The Nelson-Atkins Museum of Art, 2004, P.30, Fig.1-4a。

考古学上所见的中国通往日本的丝绸之路

图一出自傅芸子《正仓院考古记》页85，上海书画出版社，2014年。

图二出自《1500年前のシルクロード　新沢千塚の遺宝とその源流》页36，第38号，奈良县立橿原考古学研究所附属博物馆，1992年。

关于中国境内丝绸之路考古的新发现和研究

图一出自赵丰主编《敦煌丝绸艺术全集·英藏卷》页94，第055号，东华大学出版社，2007年。

图二出自赵丰主编《敦煌丝绸艺术全集·英藏卷》页128，第092号a、b。

图三出自彭金章、王建军《敦煌莫高窟北区石窟（第三卷）》彩版二六，1、2，文物出版社，2004年。

图四，1出自《中国文物精华》编辑委员会编《中国文物精华》第120号，文物出版社，1997年；2出自《中国文物精华》编辑委员会编《中国文物精华》第128号；3出自《中国文物精华》编辑委员会编《中国文物精华》第129号。

图五出自新疆文物事业管理局、新疆博物馆、新疆文物考古研究所、上海博物馆编，马承源、岳峰主编《新疆维吾尔自治区丝路考古珍品》页219，上海译文出版社，1998年，第124号。

图六出自新疆文物事业管理局、新疆博物馆、新疆文物考古研究所、上海博物馆编，马承源、岳峰主编《新疆维吾尔自治区丝路考古珍品》页216，第121号右。

图七，1出自新疆文物事业管理局、新疆博物馆、新疆文物考古研究所、上海博物馆编，马承源、岳峰主编《新疆维吾尔自治区丝路考古珍品》页205，第110号；2出自新疆文物事业管理局、新疆博物馆、新疆文物考古研究所、上海博物馆编，马承源、岳峰主编《新疆维吾尔自治区丝路考古珍品》页207，第112号；3出自新疆文物事业管

·插图出处·

理局、新疆博物馆、新疆文物考古研究所、上海博物馆编,马承源、岳峰主编《新疆维吾尔自治区丝路考古珍品》页206,第111号。

图八出自新疆文物事业管理局、新疆博物馆、新疆文物考古研究所、上海博物馆编,马承源、岳峰主编《新疆维吾尔自治区丝路考古珍品》页214,第119号。

图九出自新疆文物事业管理局、新疆博物馆、新疆文物考古研究所、上海博物馆编,马承源、岳峰主编《新疆维吾尔自治区丝路考古珍品》页234,第137号。

图一〇出自新疆文物事业管理局、新疆博物馆、新疆文物考古研究所、上海博物馆编,马承源、岳峰主编《新疆维吾尔自治区丝路考古珍品》页231,第134号。

图一一出自新疆文物事业管理局、新疆博物馆、新疆文物考古研究所、上海博物馆编,马承源、岳峰主编《新疆维吾尔自治区丝路考古珍品》页88,第10号。

图一二出自王炳华《西迁伊犁后乌孙的社会经济政治状况》,《丝绸之路考古研究》页172,图68,新疆人民出版社,2010年。

图一三出自中国社会科学院考古研究所编著《偃师杏园唐墓》彩版四,1,科学出版社,2001年。

图一四出自中国社会科学院考古研究所编著《考古精华:中国社会科学院考古研究所建所四十年纪念》页270,图版二二三,1,科学出版社,1993年。

图一五出自《北京文物精粹大系》编委会、北京市文物局《北京文物精粹大系·金银器卷》页48,第13号,北京出版社,2004年。

图一六出自 Yang Xiaoneng, *New Perspectives On China's Past: Chineses Archaeology in the Twentieth Century* v.1, New Haven and London: Yale University; Kansas City: The Nelson-Atkins Museum of Art, 2004, P.30, Fig.1-4b、1-4c。

图一七出自汪勃《再谈中国出土唐代中晚期至五代的西亚伊斯兰孔雀蓝釉陶器》,《考古》2012年3期,页88,图四。

近年关于丝绸之路考古的新发现和研究

图一,1出自宁夏固原博物馆编著《固原历史文物》页235,第144号,科学出版社,2004年;2出自宁夏固原博物馆编著《固原历史文物》页236,第145号;3出自宁夏固原博物馆编著《固原历史文物》页228,第137号;4出自宁夏固原博物馆编著《固原历史文物》页215,第126号;5出自原州联合考古队编著《唐史道洛墓》彩版四一,图1、2,文物出版社,2014年。

图二出自原州联合考古队编著《唐史道洛墓》彩版三三，图1～4。

图三出自新疆文物事业管理局、新疆博物馆、新疆文物考古研究所、上海博物馆编，马承源、岳峰主编《新疆维吾尔自治区丝路考古珍品》页229，第132号，上海译文出版社，1998年。

图四出自新疆文物事业管理局、新疆博物馆、新疆文物考古研究所、上海博物馆编，马承源、岳峰主编《新疆维吾尔自治区丝路考古珍品》页153，第65号。

图五出自新疆文物事业管理局、新疆博物馆、新疆文物考古研究所、上海博物馆编，马承源、岳峰主编《新疆维吾尔自治区丝路考古珍品》页220，第125号。

图六出自中国社会科学院考古研究所编著《考古精华：中国社会科学院考古研究所建所四十年纪念》页160，图一三〇，科学出版社，1993年。

图七出自成都市文物考古工作队、成都市文物考古研究所《成都市西安路南朝石刻造像清理简报》，《文物》1998年11期，彩色插页贰，1、2。

在西部开发中关于中外关系史的考古学研究

图一出自原州联合考古队编著《北周田弘墓》彩版三〇、三一，文物出版社，2009年。

图二出自山西省考古研究所、太原市文物考古研究所、太原市晋源区文物旅游局《太原隋虞弘墓》页17，图8，文物出版社，2005年。

图三出自陕西省考古研究所编著《西安北周安伽墓》图版一，文物出版社，2003年。

图四出自宋莉《甘肃天水石棺床年代考》，《西北美术》2006年1期，页44，图1。

图五出自 Freer Gallery of Art, *The Freer Gallery of Art*, I China, Tokyo: Kodansha, 1971, P.172, No.76。

图六出自 Sirén Osvald, *Chinese Sculpture from the Fifth to the Fourteenth Century: over 900 Specimens in Stone, Bronze, Lacquer and Wood, Principally from Northern China. With descriptions and an introductory essay*, Bangkok, Thailand: SDI Publications, 1998, PP.446, 447。

图七出自 Gustina Scaglia, *Central Asians on a Northern Ch'i Gate Shrine*, Artibus Asiae, Vol. 21, No. 1 (1958), P.13, Fig.5。

图八出自 Gustina Scaglia, *Central Asians on a Northern Ch'i Gate Shrine*, Artibus

Asiae, Vol. 21, No. 1 (1958), P.12, Fig.3, Fig.4。

图九采自荣新江《Miho美术馆粟特石棺屏风的图像及其组合》,《中古中国与粟特文明》页337,图1,生活·读书·新知三联书店,2014年。

图一〇出自中国文物研究所、甘肃省文物考古研究所编《敦煌悬泉月令诏条》图版,修补本照片二,中华书局,2001年。

后　　记

　　本书是继上海古籍出版社出版的《中国历史考古学论集》(2012年5月)、《明清北京城图》(2012年5月)和《中国城市考古学论集》(2015年12月)后,《徐苹芳文集》系列出版的第四本。

　　2010年,在徐苹芳先生生前,他即曾着手开始考虑文集的编纂工作。当时,徐先生决定将其有关历史考古学的文章分成三个部分,其中有关城市考古与丝绸之路考古的论文皆单独结集,其余论文合并一集,并初步拟定了后者(即《中国历史考古学论集》)的目录。本集就是按照徐先生的遗愿出版的有关丝绸之路考古的论文集。

　　有关丝绸之路和中外文化交流的考古学研究,是中国考古学研究的重要专题。对这一领域的研究,既要求掌握中国的考古资料,还要掌握与中国在文化上有交流关系的国家和地区的考古资料。研究内容既包括研究中国境内发现的外国遗物,还包括研究在国外发现的中国遗物。本书所收的文章,就包括了徐苹芳先生有关这一专题的研究与思考。这之中,既有徐先生对于这一领域宏观框架和理论方法层面的思考,也包含关于上述不同内容的研究。

　　2014年,中国与哈萨克斯坦、吉尔吉斯斯坦三国的"丝绸之路:起始段与天山廊道的路网"项目正式列入《世界遗产名录》。徐苹芳先生生前十分关注丝绸之路的申遗工作。他曾任联合国教科文组织"丝绸之路综合研究"咨询委员会委员,并多次赴国内外参加有关会议,并担任丝绸之路沙漠路线第一阶段(中国)考察队协同科学领队,组织和参与了多次有关丝绸之路的学术考察和研讨活动,主编了《十世纪前的丝绸之路和东西文化交流》(新世界出版社,1996年)等论文集。除自身研究之外,徐苹芳先生还很关注中外交通方面研究人才的培养。在中国社会科学院研究生院担任博士研究生导师期间,徐先生曾指导博士研究生进行丝绸之路和中外文化交流考古方面的研究,如《丝绸之路河南道考古调查与研究》(陈良伟著,中国社会科学院研究生院考古系博士学位论文,1994年)、《7～14世纪中日文化交流的考古学研究》(衣岚著,中国社会科学院研究生院考古系博士学位论文,1997年)等。

  需要说明的是,有些文章的主题徐苹芳先生根据不同的需要,曾经不止一次论述过,相关内容先后发表在不同报刊或论文集中,部分内容略有重复,为了保持文章的原貌,收入本集时没有改动。此次整理,对文中插图重新做了编配和增补,这项工作是由中国社会科学院考古研究所的王子奇同志和北京大学考古文博学院的刘天歌同志在杭侃同志以往工作的基础上完成的,北京师范大学的丁雨同志也参与了部分前期工作,上海古籍出版社的责任编辑宋佳女士承担了大量细密而繁重的编辑工作,在此一并致谢!

编　者
2017年4月